城市轨道交通运营车辆系统岗位培训教材

城市轨道交通设备维修技术

丛书主编　张　辉　谭文举　柳　林
主　　编　王　亮　于　深　唐宇斌　罗　敏
主　　审　李　军　莫志刚

中国建筑工业出版社

图书在版编目（CIP）数据

城市轨道交通设备维修技术/张辉，谭文举，柳林丛书主编；王亮等分册主编. —北京：中国建筑工业出版社，2017.10
城市轨道交通运营车辆系统岗位培训教材
ISBN 978-7-112-20929-3

Ⅰ.①城… Ⅱ.①张…②谭…③柳…④王… Ⅲ.①城市铁路-交通运输工具-维修-岗位培训-教材 Ⅳ.①U239.5

中国版本图书馆 CIP 数据核字（2017）第 156017 号

本书包括 3 章。分别是岗位简介、岗位基础知识、岗位专业知识等内容。本书根据城市轨道交通车辆系统功能与组成岗位标准和培训规范进行编写。本书是作者对我国城市轨道交通车辆系统的实践进行的较为科学、全面的总结，具有较强的实用性和操作性。

本书可作为城市轨道交通运营车辆系统岗位培训考试用书，也可作为运营管理部门、设计部门、科研单位和教育机构的参考书。

责任编辑：胡明安
责任校对：李欣慰　党　蕾

城市轨道交通运营车辆系统岗位培训教材
城市轨道交通设备维修技术
丛书主编　张　辉　谭文举　柳　林
主　编　王　亮　于　深　唐宇斌　罗　敏
主　审　李　军　莫志刚

*

中国建筑工业出版社出版、发行（北京海淀三里河路 9 号）
各地新华书店、建筑书店经销
霸州市顺浩图文科技发展有限公司制版
北京同文印刷有限责任公司印刷

*

开本：850×1168 毫米　1/32　印张：8⅞　字数：245 千字
2017 年 10 月第一版　2017 年 10 月第一次印刷
定价：**30.00 元**
ISBN 978-7-112-20929-3
（30579）

版权所有　翻印必究
如有印装质量问题，可寄本社退换
（邮政编码 100037）

本书编委会

丛书主编：张　辉　谭文举　柳　林

主　　编：王　亮　于　深　唐宇斌　罗　敏

主　　审：李　军　莫志刚

编　　委：（排名不分先后）

　　　　　谢振华　李叙良　李志鹏　农超青　吕春英
　　　　　杨晓帆　高大毛　李大洋　李中涛　李　辉
　　　　　赵磊通　王俊峰　向伟彬　肖玉梅　刘光普
　　　　　邱士正　张振东　张平东　韦庭三　旷文茂
　　　　　张　波　马玉洲　李军生　何　君

参编单位：南宁轨道交通集团有限责任公司
　　　　　中国建筑股份有限公司

序

目前,随着我国城市轨道交通事业的快速发展,城市轨道交通的运营、管理及安全已经摆到了首位。轨道交通系统一旦建成,就必须夜以继日地保持系统的安全和高效运营。城市轨道交通系统设备先进、结构复杂,高新技术应用越来越普及,要保障这样庞大系统的安全和高效,必须依靠与之相协调的高素质的人员。轨道交通行业职工素质的高低直接关系到企业的生存和发展。因此,企业必须拥有一支高素质的技术队伍,培养一批技术过硬、技艺精湛的能工巧匠,才能确保安全生产,提高工作效率,提升非正常情况下的应急应变能力。

岗位培训是人才培养的重要途径,是提高企业核心竞争力的重要手段,而岗位培训需要适合的培训教材,在对国内城市轨道交通行业进行广泛调研的基础上,推出了"城市轨道交通运营车辆系统岗位培训教材",涉及城市轨道交通标准化作业教程、电客车驾驶、工程车驾驶、工程车检修技术、厂段调度、车辆系统功能与组成、车辆检修技术、设备维修技术、设备操作原理、运营安全管理等内容。

本套教材由南宁轨道交通集团和中国建筑股份有限公司组织从事城市轨道交通建设和运营管理的专家编写。在教材内容方面,力求实用技术和实际操作全面、完整,在注重实际操作的基础上,尽可能将理论问题讲解清楚,并在表达上能够深入浅出。本套丛书不仅是城市轨道交通工程运营专业人员的岗位培训、技能鉴定的培训教材,也可以作为城市轨道交通大中专院校、职业学校学生的教学参考用书。

相信该套培训教材,能在广泛吸收国内外同行技术与管理经验的基础上，结合国内行业实际情况，为城市轨道交通车辆系统提供一套完整而系统的参考读物，亦为我国城市轨道交通运营管理的基础理论和实用技术填补空白。

张　辉

前　言

我国城市轨道交通事业正在迅速发展，越来越多的大城市把轨道交通纳入到城市规划中。城市轨道交通系统在我国尚处于起步阶段，在今后的20～30年甚至50年内将会得到飞速发展。

对于城市轨道交通行业，任何一个小细节出现问题都有可能引起行车事故。为保障城市轨道交通正常生产及运营，编写一套全面、完整的培训教材迫在眉睫。目前，国内外对城市轨道交通设备检修方面的技术日趋成熟，各国专家各抒己见，取得了一定进展，但仍缺少统一的并且符合我国此行业规范的教材。一本规范的设备维修培训教材，可以使运营管理人员更好地开展设备维修业务学习、培训，从而使本岗位人员能快速掌握设备维修技巧，进而有效避免因标准不一致导致检修生产安全事故发生。本书为城市轨道交通类专业教材，可作为城市轨道交通车辆设备检修岗位的职业培训教材，也可供从事轨道交通规划、建设和运营管理的专业技术人员参考。

笔者根据多年在地铁工作的实践经验，结合地铁自身特点，从设备维修岗位的基础知识到专业知识进行全方面详细地介绍，由浅入深，层层递进，注重实用性，以期完善设备维修岗位的作业及培训流程，保证新入司员工快速、切实地掌握设备维修的规范流程和基本原理，提高其工作效率和公司的经济效益，书中安全注意事项及危险源防范部分也为本岗位的安全生产提供了保障。本书运用标准用语，本着精简的原则，编写出本书，供广大的专家、读者进行交流、学习。

本书图文并茂、内容完整，通过对这些设备的主要技术参数、工作原理、系统主要组成部分的介绍，以及本书末尾列出的通用设备检修章程，让读者能够对设备分中心主要设备有一个全面的认识，并熟悉和掌握设备维修工的主要职责和工作内容。

本书在编写过程中得到了南宁轨道交通集团及运营分公司领导专家的大力支持，在此一并致谢。在成文过程中，也参考和引用了部分同行的相关成果，特向相关作者表示感谢。鉴于编者水平有限，书中纰漏和不足之处在所难免，恳请广大专家、读者批评指正！

目 录

1 岗位简介 ·· 1
  1.1 车辆中心及设备分中心简介 ·· 1
    1.1.1 车辆中心简介 ··· 1
    1.1.2 设备分中心简介 ··· 1
  1.2 设备维修班简介 ··· 1
    1.2.1 设备维修班职责 ··· 1
    1.2.2 设备维修工岗位职责 ·· 2

2 岗位基础知识 ·· 3
  2.1 岗位基础知识 ·· 3
    2.1.1 常用机械传动基本概念及特点 ······························· 3
    2.1.2 机械传动工作原理 ·· 9
    2.1.3 液压传动基础知识 ··· 20
    2.1.4 电工基础 ·· 81
  2.2 维修工器具使用方法 ·· 97
    2.2.1 电工仪表使用方法 ··· 97
    2.2.2 常用工器具使用方法 ·· 100
    2.2.3 普通量具选择 ··· 106
    2.2.4 起重工器具使用 ··· 109
    2.2.5 安全工器具 ·· 111

3 岗位专业知识 ·· 113
  3.1 固定式架车机 ··· 113

3.1.1　固定式架车机的功能和各组成部分的名称 …………… 113
　　3.1.2　固定式架车机检修安全注意事项 …………………… 129
　　3.1.3　固定式架车机关键部件检修方法 …………………… 130
　　3.1.4　固定式架车机常见故障及处理方法 ………………… 133
　3.2　列车自动清洗机 ……………………………………………… 136
　　3.2.1　列车自动清洗机的功能和各组成部分的名称 ……… 136
　　3.2.2　列车自动清洗机检修安全注意事项 ………………… 147
　　3.2.3　列车自动清洗机关键部件检修方法 ………………… 147
　　3.2.4　列车自动清洗机常见故障及处理方法 ……………… 150
　3.3　不落轮镟床 …………………………………………………… 153
　　3.3.1　不落轮镟床功能和各组成部分名称 ………………… 153
　　3.3.2　不落轮镟床检修安全注意事项 ……………………… 173
　　3.3.3　不落轮镟床关键部件检修方法 ……………………… 173
　　3.3.4　不落轮镟床常见故障及处理方法 …………………… 180
　3.4　自动化立体仓库 ……………………………………………… 181
　　3.4.1　自动化立体仓库功能和各组成部分名称 …………… 181
　　3.4.2　自动化立体仓库检修安全注意事项 ………………… 205
　　3.4.3　自动化立体仓库关键部件检修方法 ………………… 205
　　3.4.4　自动化立体仓库常见故障及处理方法 ……………… 209
　3.5　厂内专用设备 ………………………………………………… 211
　　3.5.1　RTT-2000公路、铁路两用车 ………………………… 211
　　3.5.2　移动式架车机 ………………………………………… 219
　　3.5.3　轮对踏面动态检测系统 ……………………………… 220
　　3.5.4　模拟驾驶仪 …………………………………………… 228
　3.6　厂内机动车辆、桥式起重机 ………………………………… 236
　　3.6.1　蓄电池搬运车 ………………………………………… 236
　　3.6.2　蓄电池叉车 …………………………………………… 239
　　3.6.3　内燃叉车 ……………………………………………… 244
　　3.6.4　桥式起重机 …………………………………………… 255
　3.7　厂内通用设备 ………………………………………………… 262

3.7.1 台式钻床 …………………………………………… 262
3.7.2 交流电焊机………………………………………… 265
3.7.3 SJY 液压升降平台 ………………………………… 268

1 岗位简介

1.1 车辆中心及设备分中心简介

1.1.1 车辆中心简介

车辆中心是分公司内负责对地铁车辆、工程车辆及相关检修设备进行维护检修的生产管理部门，主要负责地铁车辆的招标采购、合同谈判及设计联络，车辆段所辖设备的维护保养和工程车的检修、维护和保养工作；其下设综合技术室、乘务分中心、检修分中心和设备分中心四个主要科室。

1.1.2 设备分中心简介

设备分中心主要负责工程车、不落轮镟床、列车自动清洗机及其他所辖设备的定期保养、维修和临时故障处理工作；按生产计划，对电客车轮对进行镟修及尺寸测量；负责车辆中心各种生产所需的部件的机加工工作和部分非标设备的制造；负责所辖特种设备的定期保养维修和临时故障处理工作；负责备品备件、物料材料、工器具的出入库、库存、计划管理，开展故障件的维修工作，保障检修生产的有序开展。

1.2 设备维修班简介

1.2.1 设备维修班职责

设备维修班负责完成不落轮镟床、列车自动清洗机、架车机及其他所辖设备的定期保养、检修工作。配合做好设备的对外委托项目，并做好对外委托项目实施的过程监控和安全监控。

1.2.2　设备维修工岗位职责

1. 贯彻执行有关规章制度及标准化作业程序,负责对车辆中心所管辖内的设备进行维修保养,确保设备正常、安全运行。
2. 负责按计划完成设备的故障修理和改善修理。
3. 负责对设备疑难故障、惯性故障的技术攻关,制定整改措施,并实施。
4. 负责新员工的带教工作,协助工班内其他员工的培训,认真履行各级培训项目。
5. 严格执行各项规章制度,做好安全生产。
6. 负责执行质量和安全管理系统的要求。
7. 检查设备的安全防护设施是否齐备,解决存在问题,如不能解决应及时向分中心反映。
8. 负责参与业务技术研究,向专业工程师提供工作支持。

2 岗位基础知识

2.1 岗位基础知识

2.1.1 常用机械传动基本概念及特点

1. 机械制图

（1）图样及图样的种类

工程技术上根据投影原理，并遵照国家标准和有关规定表示工程对象（如工程物体的形状、大小），并有必要的技术说明的图，称为图样。

不同性质的生产部门，对图样有不同的要求和名称，如机械图样、建筑图样、水利图样。用于表达机器、仪器等的图样，称为机械图样。

（2）正投影

当物体被光线照射后，在物体后面某个平面上就会出现一个形状相似的影子，该影子称为物体的投影，光线称为投影线，影子所在的平面称为投影面，投影线垂直于投影面得到的投影称为正投影。

（3）三视图及其之间的对应关系

物体在相互垂直的三个投影面中的正投影，即主视图、俯视图、左视图称为三视图。为了全面反映机件各方面的形状，通常是设置三个互相垂直的投影面，即所谓正面、水平面和侧面。

主视图：从前方向正面投影得到的视图。

俯视图：从上方向水平面投影得到的视图。

左视图：从左方向侧面投影得到的视图。

1) 三视图的位置关系

以主视图为准，俯视图在它的下面，左视图在它的右面。

2) 视图间的"三等"关系

从三视图的形成过程中，可以看出：主视图反映物体的长度（x）和高度（z）；俯视图反映物体的长度（x）和宽度（Y）；左视图反映物体的高度（z）和宽度（Y）。

由此归纳得出：主、俯视图长对正（等长）；主、左视图高平齐（等高）；俯、左视图宽相等（等宽）。

3) 视图与物体的方位关系

所谓方位关系，指的是以绘图（或看图）者面对正面（即主视图的投射方向）来观察物体为准，看物体的上、下、左、右、前、后六个方位在三视图中的对应关系。

主视图反映物体的上、下和左、右；俯视图反映物体的左、右和前、后；左视图反映物体的上、下和前、后。

(4) 机械制图规定的基本视图

物体除主、俯、左三面视图外，还有右视图、仰视图和后视图，统称为六个基本视图，相对主、俯、左三面视图而言有如下定义：

右视图：由物体的右面向左投影得到的视图；

仰视图：由物体的下面向上投影得到的视图；

后视图：由物体的后面向前投影得到的视图。

(5) 机械制图中尺寸标注的基本规则

1) 尺寸单位

图样中（包括技术要求和其他说明）的尺寸，以毫米为单位时，不需标注计量单位"毫米"或"mm"，如采用其他单位，则必须注明相应的计量单位。对于角度则以度、分、秒为单位。对于图样中某些与特定的符号一起注出的尺寸数值，应随同该特定符号一起标注而省略计量单位。

2) 最后完工尺寸

图样中所标注的尺寸均为图样所示机件的最后完工尺寸，如毛坯图中的尺寸为毛坯的最后完工尺寸；零件图中的尺寸为该零件在装配时的尺寸。至于为达到最后完工尺寸的要求，中间经过的各个工序的尺寸与此无关，否则应另加说明。

3）不重复标注尺寸

机件的每一尺寸一般只标注一次，并应标注在反映该结构最清晰的图形上。

4）尺寸配置合理

尺寸的合理配置，不仅是为了加工和检验人员看图方便，也是为了保证产品质量和降低制造成本。

（6）剖视图

为了清晰地表达机件的内部结构形状，假想用剖切面（平面或柱面）剖开机件，移去观察者与剖切面之间的部分，将其余部分向投影面投射所得的图形，称为剖视图。

（7）剖视图的种类及绘制方法

按剖切平面剖开机件的范围不同，可分为全剖视图、半剖视图和局部剖视图。

2. 螺纹的标记

由于螺纹规定画法不能表示螺纹种类和螺纹要素，因此，绘制螺纹图样时，必须按照国家标准所规定的格式和相应代号进行标注。

（1）普通螺纹标记

普通螺纹完整的标记由螺纹代号、螺纹公差带代号和旋合长度代号三部分组成，其规定格式如下：

螺纹特征代号：公称直径×螺距，旋向：中径公差带，顶径公差带：螺纹旋合长度。

螺纹代号由表示螺纹特征的字母 M、螺纹的尺寸（大径和螺距）、螺纹的旋向构成。

粗牙普通螺纹不标注螺距，LH 代表左旋，右旋螺纹不标注旋向。

公差带代号由中径公差带和顶径公差带（对外螺纹指大径公

差带、对内螺纹指小径公差带）两组公差带组成。每组公差带代号又由表示公差等级的数字和表示公差带位置的字母组成。大写字母代表内螺纹，小写字母代表外螺纹。若两组公差带相同，则只写一组。

旋合长度分为短（S）、中（N）、长（L）三种旋合长度。一般情况下应采用中等旋合长度。若属于中等旋合长度时，不标注旋合长度代号。

例1：某粗牙普通外螺纹，大径为10mm，螺距为1mm，中径公差带为5g，大径公差带为6g，短旋合长度，标记为：M10-5g6g-S。

例2：某细牙普通内螺纹，大径为10mm，螺距为1mm，左旋，中径公差带为6H，小径公差带为6H，中等旋合长度，其标记：M10×1LH-6H。

（2）梯形和锯齿形螺纹标记

梯形和锯齿形螺纹的完整标记由螺纹代号、公差带代号和旋合长度代号三部分组成，其规定格式如下：

螺纹特征代号 公称直径×螺距或导程（多线）旋向-中径公差带-旋合长度

梯形螺纹特征代号用T表示，锯齿形螺纹特征代号用B表示，左旋螺纹用LH表示，右旋螺纹不标注。两种螺纹只标注中径公差带，旋合长度只有中等旋合长度（N）和长旋合长度（L）两组，若为中等旋合长度则不标注。

需要注意的是，梯形螺纹的公称直径是指外螺纹大径。实际上内螺纹大径大于外螺纹大径，但标注内螺纹代号时要标注公称直径，即外螺纹大径D。

例3：某单线梯形外螺纹，大径为48 mm，螺距为8 mm右旋，中径公差带为7e，中等旋合长度，其标记为：T48×8-7e。

3. 零件图上注写的技术要求

零件图是表示零件结构、大小及技术要求的图样。

在零件图上要注写的技术要求有五项内容：（1）表面粗糙

度;(2)尺寸公差;(3)表面形状与位置公差;(4)材料及热处理的要求;(5)特殊加工要求,检验和试验的说明。

4. 公差

公差是最大极限尺寸减最小极限尺寸之差,或上偏差减下偏差之差。它是允许尺寸的变动量 ε。

公差表示一批零件尺寸允许变动的范围,这个范围大小的数量值就是公差值,所以它是绝对值,不是代数值,零公差、负公差的说法都是错误的。公差等于最大极限尺寸与最小极限尺寸代数差的绝对值。

5. 偏差、公差带

偏差是某一尺寸(实际尺寸、极限尺寸等)减其基本尺寸所得的代数差。偏差为代数差,可以为正值、负值或零,在进行计算时,必须带有正、负号。

公差带是上偏差和下偏差或最大极限尺寸和最小极限尺寸的两平行直线所限定的区域。它是由公差大小和其相对零线的位置如基本偏差来确定。

6. 配合及其种类

基本尺寸相同的、相互结合的孔和轴公差带之间的关系,称为配合。在孔与轴的配合中,孔的尺寸减去轴的尺寸所得之代数差,此差值为正时是间隙配合,以 X 表示;为负时是过盈配合,以 Y 表示;两者之间为过渡配合。

配合可分为间隙配合、过盈配合、过渡配合三种。

(1) 间隙配合

间隙配合是具有间隙(包括最小间隙等于零)的配合。此时,孔的公差带在轴的公差带之上。

(2) 过盈配合

过盈配合是具有过盈(包括最小过盈等于零)的配合。此时,孔的公差带在轴的公差带之下。

(3) 过渡配合

过渡配合是可能具有间隙或过盈的配合。此时,孔的公差带与轴的公差带相互交叠。过渡配合介于间隙配合与过盈配合之间。

7. 基孔制配合

基孔制是基本偏差为一定的孔的公差带与不同基本偏差的轴的公差带形成各种配合的一种制度。

在基孔制中，孔是基准件，称为基准孔；轴是非基准件，称为配合轴。基准孔的基本偏差为下偏差 E_1，且等于零，用 H 表示。基准孔与基本偏差为 $a\sim h$ 的轴相配合而形成间隙配合；与基本偏差为 $j\sim n$ 的轴相配合基本上为过渡配合；与基本偏差为 $p\sim zc$ 的轴目配合基本上为过盈配合。

8. 基轴制配合

基轴制是基本偏差为一定的轴的公差带与不同基本偏差的孔的公差带形成各种配合的一种制度。

在基轴制中，轴是基准件，称为基准轴；孔是非基准件，称为配合孔。基准轴的基本偏差为上偏差 es，且等于零，用 h 表示。基准轴与基本偏差为 $A\sim H$ 的孔相配合而形成间隙配合；与基本偏差为 $J\sim N$ 的孔相配合基本上为过渡配合；与基本偏差为 $P\sim ZC$ 的孔相配合基本上为过盈配合。

9. 公差等级

极限与配合制中，同一公差等级对所有基本尺寸的一组公差被认为具有同等精确程度称为公差等级。标准规定了 20 个公差等级，按公差增大的顺序排列分别为：IT01，IT0，IT1，IT2…T17，T18。IT01 精度最高，公差最小；IT18 精度最低，公差最大。公差等级大致代表各种加工方法的精度。

10. 位置公差

位置公差是关联实际被测要素对其具有确定方向或位置的理想要素的允许变动量；位置公差分为定向公差、定位公差和跳动公差。定向公差包含平行度、垂直度、倾斜度；定位公差包含同轴度、对称度、位置度；跳动公差包含圆跳动和全跳动。

11. 表面粗糙度

在零件的制造过程中，经切削、铸造、锻造等方法所形成的表面，都是有形状误差的，这些形状误差可分为表面粗糙度（微观形状误差）、表面波纹度（波度）、形状误差（宏观几何形状误差）。目前，虽然没有划分三者的标准，但通常都是按波距大小来区分：波距小于 1mm 的为表面粗糙度；波距在 1~10mm 之间的为表面波度；波距大于 10mm 的为形状误差。

2.1.2 机械传动工作原理

1. 带传动

带传动由主动带轮 1、从动带轮 2 和挠性带 3 组成，借助带与带轮之间的摩擦或啮合，将主动带轮 1 的运动传给从动带轮 2，如图 2.1-1 所示。

（1）带传动的类型

根据工作原理不同，带传动可分为摩擦带传动和啮合带传动两类。

1）摩擦带传动

摩擦带传动是依靠带与带轮之间的摩擦力传递运动的。按带的横截面形状不同可分为四种类型，如图 2.1-2 所示。

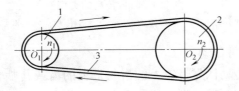

图 2.1-1 带传动示意图
1—主动带轮；2—从动带轮；3—挠性带

平带传动。平带的横截面为扁平矩形，如图 2.1-2（a），内表面与轮缘接触为工作面。常用的平带有普通平带（胶帆布带）、皮革平带和棉布带等，在高速传动中常使用麻织带和丝织带。其中以普通平带应用最广。平带可适用于平行轴交叉传动和交错轴的半交叉传动。

V带传动。V带的横截面为梯形,两侧面为工作面,如图 2.1-2 (b),工作时 V 带与带轮槽两侧面接触,在同样压力 FQ 的作用下,V 带传动的摩擦力约为平带传动的三倍,故能传递较大的载荷。

多楔带传动。多楔带是若干 V 带的组合,如图 2.1-2 (c) 所示,可避免多根 V 带长度不等,传力不均的缺点。

圆形带传动。横截面为圆形,如图 2.1-2 (d),常用皮革或棉绳制成,只用于小功率传动。

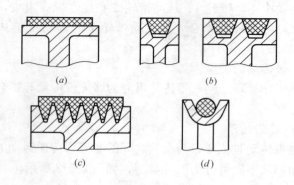

图 2.1-2 带传动的类型
(a) 平带传动;(b) V 带传动;(c) 多楔带传动;(d) 圆形带传动

2) 啮合带传动

啮合带传动依靠带轮上的齿与带上的齿或孔啮合传递运动。啮合带传动有两种类型,如图 2.1-3 所示。

同步带传动。利用带的齿与带轮上的齿相啮合传递运动和动力,带与带轮间为啮合传动没有相对滑动,可保持主、从动轮线速度同步,如图 2.1-3 (a)。

齿孔带传动。带上的孔与轮上的齿相啮合,同样可避免带与带轮之间的相对滑动,使主、从动轮保持同步运动,如图 2.1-3 (b)。

(2) 带传动的特点

摩擦带传动具有以下特点:

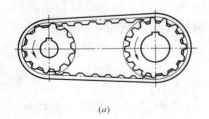 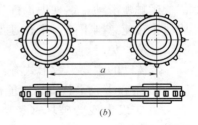

图 2.1-3 啮合带传动类型
(a) 同步齿形带传动；(b) 齿孔带传动

1）结构简单，适宜用于两轴中心距较大的场合。
2）胶带富有弹性，能缓冲吸振，传动平稳无噪声。
3）过载时可产生打滑、能防止薄弱零件的损坏，起安全保护作用。但不能保持准确的传动比。
4）传动带需张紧在带轮上，对轴和轴承的压力较大。
5）外廓尺寸大，传动效率低（一般 0.94～0.96）。

根据上述特点，带传动多用于：

① 中、小功率传动（通常不大于100kW）；
② 原动机输出轴的第一级传动（工作速度一般为 $5～25m/s$）；
③ 传动比要求不十分准确的机械。

(3) 带的弹性滑动和打滑

1）弹性滑动

由于带传动存在紧边和松边，在紧边时带被弹性拉长，到松边时又产生收缩，引起带在轮上发生微小局部滑动，这种现象称为弹性滑动。

2）打滑与极限有效拉力

当外载较小时，弹性滑动只发生在带即将由主、从动轮离开的一段弧上。传递外载增大时，有效拉力随之加大，弹性滑动区域也随之扩大，当有效拉力达到或超过某一极限值时，带与小带轮在整个接触弧上的摩擦力达到极限，若外载继续增加，带将沿整个接触弧滑动，这种现象称为打滑。此时主动轮还在转动，但从动轮转速急剧下降，带迅速磨损、发热而损坏，使传动失效，所以必须避免打滑。

带传动的主要失效形式有：

① 带在带轮上打滑，不能传递动力；

② 带发生疲劳破坏（经历一定应力循环次数后发生拉断、撕裂、脱层）。

（4）带传动的张紧与调整

带传动的张紧程度对其传动能力、寿命和轴压力都有很大的影响。V 带传动初拉力的测定可在带与带轮两切点中心加以垂直于带的载荷 G 使每 100mm 跨距产生 1.6mm 的挠度，此时传动带的初拉力 F_0 是合适的（即总挠度 $y = 1.6a/100$）。

带传动工作一段时间后会由于塑性变形而松弛，使初拉力减小、传动能力下降，此时在规定载荷作用下总挠度变大，需要重新张紧。常用张紧方法有以下几种：

调整中心距法：

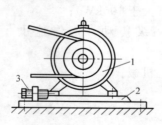

图 2.1-4　水平传动定期张紧装置
1—电动机；2—滑道；3—调节螺钉

① 定期张紧。如图 2.1-4 所示，将装有带轮的电动机 1 装在滑道 2 上，旋转调节螺钉 3 以增大或减小中心距从而达到张紧或松开的目的。图 2.1-5 为把电动机装在一摆动底座 2 上，通过调节螺钉 3 调节中心距达到张紧的目的。

② 自动张紧。把电动机 1 装在如图 2.1-6 所示的摇摆架 2 上，利用电动机的自重，使电动机轴心绕铰点 A 摆动，拉大中心距达到自动张紧的目的。

2. 链传动

链传动是通过链条将具有特殊齿形的主动链轮的运动和动力传递到具有特殊齿形的从动链轮的一种传动方式，如图 2.1-7 所示。

（1）链传动工作原理与特点

1）工作原理：（至少）两轮间以链条为中间挠性元件的啮合来传递动力和运动。但非共轭曲线啮合，靠三段圆弧一直线啮合。其磨损、接触应力冲击较小，且易加工。

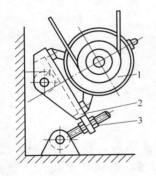

图 2.1-5　垂直传动定期张紧装置
1—电动机；2—滑动底座；3—调节螺钉

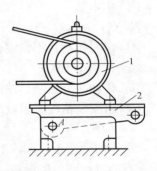

图 2.1-6　自动张紧装置
1—电动机；2—摇摆架

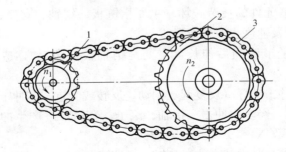

图 2.1-7　链传动
1—主动链轮；2—从动链轮；3—链条

2）组成：主、从动链轮、链条、封闭装置、润滑系统和张紧装置等。

3) 特点（与带、齿轮传动比较）。

优点：

① 平均速比准确，无滑动；

② 结构紧凑，轴上压力小；

③ 传动效率高；

④ 承载能力高；

⑤ 可传递远距离传动；

⑥ 成本低。

缺点：

① 瞬时传动比不恒定；

② 传动不平衡；

③ 传动时有噪声、冲击；

④ 对安装精度要求较高。

4) 应用。

适于两轴相距较远，工作条件恶劣等，如农业机械、建筑机械、石油机械、采矿设备、起重设备、金属切削机床、摩托车、自行车等。

(2) 链传动的失效形式

1) 各元件的疲劳破坏（主要指链板、销轴、套筒、滚子）：正常润滑及速度主要失效形式。

2) 链节磨损后伸长（主要是销轴铰链磨损），造成脱链，跳齿。

3) 冲击破坏（反复起、制动，反转或受重、多冲击载荷时，动载荷大，经多次冲击、销轴、滚子、套筒最终产生冲击断裂，总循环次数 $N=10^4$)。

4) 胶合（重载高速）（破坏——验算 nL)：极限转速。

5) 轮齿过度磨损。

6) 过载拉断：塑性变形（当低速重载 $V<0.6 m/s$，按静强度设计)。

(3) 链传动的布置、张紧

1) 布置

链传动只能布置在垂直平面内，不能布置在水平或倾斜平面内；

两轮中心线最好水平或水平面夹角小于 45°（尽量避免垂直传动）。

2) 张紧：（方法不同于带）其目的不取决于工作能力，而会由垂度大小决定。

方法（图 2.1-8）：移动轮系，以增大中心距，如中心距不能调时，也可用张紧轮；注意张紧轮应在靠近主动轮的从动边上。不带齿者可用夹布胶木制成。宽度比链轮约宽 5mm，且直径应尽量与小轮直径相近。

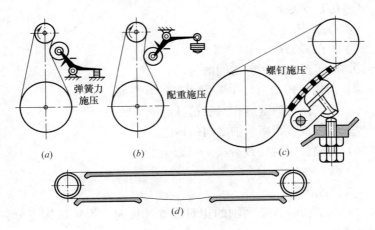

图 2.1-8 张紧方法

(4) 润滑与防护

1) 润滑

润滑有利于缓冲、减小摩擦、降低磨损，润滑良好否对承载能力与寿命大有影响。链传动润滑方式根据使用工况的不同分为：人工定期、滴油润滑、油浴或飞溅润滑、压力喷油润滑。

2）防护

封闭护罩：安全、环境清洁、防尘、减小噪声和润滑需要等。

设置有：油面指示器、注油孔、排油孔等。

大功率、高速传动时采用落地式链条箱。

3. 齿轮传动

齿轮机构是由齿轮副组成的传递运动和动力的装置。

（1）齿轮机构的特点和分类

1）齿轮机构是机械中应用最广的传动机构之一，它的主要优点主要有下面几个方面：

① 适用的圆周速度和功率范围广；

② 传动效率高；

③ 传动比稳定；

④ 寿命长；

⑤ 工作可靠；

⑥ 可实现任意两轴之间的传动。

2）齿轮机构缺点，主要表现在以下方面：

① 要求较高的制造和安装精度，成本较高；

② 不适宜远距离两轴之间的传动。

3）齿轮按齿廓曲线分类，可以分为：

① 渐开线齿轮；

② 摆线齿轮。

4）圆弧齿轮按照两轴的相对位置和齿向，齿轮机构可分为（图 2.1-9）：

① 平行轴齿轮机构

包括直齿轮圆柱齿轮机构、斜齿圆柱齿轮机构和人字齿轮机构。直齿、斜齿圆柱齿轮机构又分为外啮合齿轮机构、内啮合齿轮机构和齿轮与齿条机构，如图 2.1-9 (a)，(b)，(c)，(d)，(i)。

② 相交轴齿轮机构（圆锥齿轮机构）

包括直齿和曲齿圆锥齿轮机构,如图 2.1-9 (e),(f)。

③ 交错轴齿轮机构

包括交错轴斜齿轮机构和蜗杆蜗轮机构,如图 2.1-9 (g),(h)。

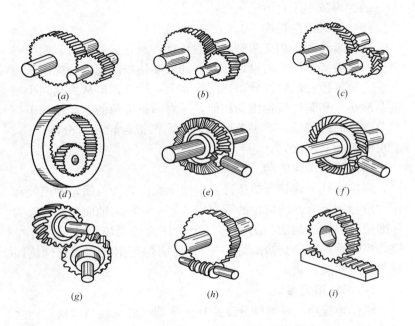

图 2.1-9　齿轮机构

(2) 斜齿圆柱齿轮机构

1) 斜齿圆柱齿轮啮合特点

斜齿轮啮合传动时,齿廓曲面的接触线是与轴线倾斜的直线,接触线的长度是变化的,开始时接触线长度由短变长,然后由长变短,直至脱离啮合。这说明斜齿轮的啮合情况是沿着整个齿宽逐渐进入和退出啮合的,故与直齿圆柱齿轮相比,传动平稳,冲击和噪声小。

2) 与直齿轮相比,斜齿轮具有以下优点:

齿廓接触线是斜线,轮齿是逐渐进入啮合和逐渐脱离啮合的，故运转平稳，冲击和噪声小。

重合度较大，并随齿宽和螺旋角的增大而增大。故承载能力较高，运转平稳，适于高速传动。

最少齿数小于直齿轮的最小齿数。

（3）圆锥齿轮机构

圆锥齿轮用于相交两轴之间的传动，其轮齿有直齿、曲齿等类型，直齿圆锥齿轮的设计、制造和安装均较简便，故应用最为广泛。圆锥齿轮的轮齿分布在圆锥面上，所以齿形从大端到小端逐渐缩小。和圆柱齿轮传动相似，一对圆锥齿轮的运动相当于一对节圆锥的纯滚动。除了节圆锥以外，圆锥齿轮还有分度圆锥、齿顶圆锥和基圆锥。

（4）蜗杆涡轮传动

蜗轮蜗杆正确啮合的条件：中间平面内蜗杆与蜗轮的模数和压力角分别相等，即蜗轮的端面模数等于蜗杆的轴面模数，且为标准值；蜗轮的端面压力角应等于蜗杆的轴面压力角且为标准值，当蜗轮蜗杆的交错角为 90°时，还需保证蜗轮与蜗杆螺旋线旋向必须相同。

1）蜗杆相关参数

蜗杆导程角：是蜗杆分度圆柱上螺旋线的切线与蜗杆端面之间的夹角，与螺杆螺旋角的关系为，蜗轮的螺旋角，大则传动效率高，当小于啮合齿间当量摩擦角时，机构自锁。

引入蜗杆直径系数 q 是为了限制蜗轮滚刀的数目，使蜗杆分度圆直径进行了标准化 m 一定时，q 大则大，蜗杆轴的刚度及强度相应增大；m 一定时，q 小则导程角增大，传动效率相应提高。

蜗杆头数推荐值为 1、2、4、6，当取小值时，其传动比大，且具有自锁性；当取大值时，传动效率高。与圆柱齿轮传动不同，蜗杆蜗轮机构传动比不等于蜗杆涡轮的齿数比，蜗杆涡轮的传动比等于蜗杆头数与涡轮齿数的比值。

蜗杆蜗轮传动中蜗轮转向的判定方法，可根据啮合点 K 处方向、方向（平行于螺旋线的切线）及应垂直于蜗轮轴线画速度矢量三角形来判定；也可用"右旋蜗杆左手握，左旋蜗杆右手握，四指拇指"来判定。

2) 蜗轮蜗杆的工作原理及作用

① 工作原理：蜗轮蜗杆传动的两轴是相互交叉垂直的；蜗杆可以看成为在圆柱体上沿着螺旋线绕有一个齿（单头）或几个齿（多头）的螺旋，蜗轮就像斜齿轮，但它的齿包着蜗杆。在啮合时，蜗杆转一转，就带动蜗轮转过一个齿（单头蜗杆）或几个齿（多头蜗杆），因此蜗轮蜗杆传动的速比 $i=$ 蜗杆的头数 Z_1/蜗轮的齿数 Z_2。

② 作用：（与齿轮传动相比）优点，蜗轮蜗杆传动除了和齿轮同样得到了广泛应用外，它解决了齿轮的降速比不能太大的矛盾；工作平稳，无噪声；蜗轮可以得到精确的很小的转动，因此蜗轮蜗杆传动常用来作分度用；能自锁：当蜗杆螺旋线升角小于 $3°\sim6°$ 时，蜗轮蜗杆传动能自锁（即只能由蜗杆带动蜗轮，蜗轮不能带动蜗杆）。

③ 缺点：效率较低，一般为 $0.7\sim0.9$；当降速比很大时，效率甚至在 0.5 以下；发热大，所以，工作时要求有良好的冷却和润滑条件；在较高速度下传递动力时，蜗轮常用较贵的有色金属（青铜）；蜗轮比齿轮制造困难。总之，在设计机器时，要根据使用要求，权衡利弊，正确合理地选用传动形式。

蜗轮蜗杆传动是齿轮传动的一种，通常所说的齿轮传动是一种方向一致的传动方式，而蜗轮蜗杆传动特指垂直方向的传动，一般常用于减速器或其他的一些需要垂直传动的地方。

④ 蜗杆传动特点

a. 传动比大，结构紧凑。

b. 传动平稳，无噪声。因为蜗杆齿是连续不间断的螺旋齿，它与蜗轮齿啮合时是连续不断的，蜗杆齿没有进入和退出啮合的过程，因此工作平稳，冲击、振动、噪声小。

c. 具有自锁性。蜗杆的螺旋升角很小时，蜗杆只能带动蜗轮传动，而蜗轮不能带动蜗杆转动。

d. 蜗杆传动效率低。

e. 发热量大，齿面容易磨损，成本高。

2.1.3 液压传动基础知识

1. 液压基础知识

(1) 液压传动的介绍

液压传动是用液体作为工作介质来传递能量和进行控制的传动方式。液压传动和气压传动并称为流体传动，是根据 17 世纪帕斯卡提出的液体静压力传动原理而发展起来的一门新兴技术，是工业生产中应用广泛的技术。在我们的生活中，随处可以见到液压技术的使用，液压传动有许多突出的优点，因此它的应用非常广泛，现在，液压系统被广泛地应用于汽车、工作机械、建设机械等方面。

(2) 液压传动的特点

1) 液压传动的优点

① 体积小、重量轻，因此惯性力较小，当突然过载或停车时，不会发生大的冲击；

② 能在给定范围内平稳的自动调节牵引速度，并可实现无级调速；

③ 换向容易，在不改变电动机旋转方向的情况下，可以较方便地实现工作机构旋转和直线往复运动的转换；

④ 液压泵和液压马达之间用油管连接，在空间布置上彼此不受严格限制；

⑤ 由于采用油液为工作介质，元件相对运动表面间能自行润滑，磨损小，使用寿命长；

⑥ 操纵控制简便，自动化程度高；

⑦ 容易实现过载保护。

2) 液压传动的缺点

① 液压传动对维护的要求高，液压油要始终保持清洁；

② 液压元件制造精度要求高，工艺复杂，成本较高；

③ 液压元件维修较复杂，且需有较高的技术水平；

④ 用油做工作介质，存在火灾隐患；
⑤ 传动效率低。
（3）液压传动的基本原理

液压传动的基本原理是在密闭的容器内，利用有压力的油液作为工作介质来实现能量转换和传递动力的，也就是利用密封工作腔变化进行工作，通过液体介质的压力进行能量的转换和传递。其中的液体称为工作介质，一般为矿物油，它的作用和机械传动中的皮带、链条和齿轮等传动元件相类似。液压传动是利用帕斯卡原理，在密闭环境中，向液体施加一个力，这个液体会向各个方向传递这个力，且力的大小不变。液压传动就是利用这个物理性质，向一个物体施加一个力，利用帕斯卡原理使这个力变大，从而起到举起重物的效果。

（4）液压传动的工作特性

1）压力取决于负载。$P=F/A$，也就是说，没有负载就没有压力。

2）速度取决于流量。$V=Q/A$

（5）液压系统的组成

液压系统一般由以下五个主要部分来组成：

1）动力元件：提供给液压系统压力油，把机械能转换成液压能的装置。最常见的形式是液压泵。

2）执行元件：把液压能转换成机械能的装置。其形式有作直线运动的液压缸，作回转运动的液压马达。

3）控制元件：对系统中的压力、流量或流动方向进行控制或调节的装置。如溢流阀、节流阀、换向阀、开停阀等。

4）辅助元件：上述三部分之外的其他装置，例如：油箱、滤油器、油管等。它们保证系统正常工作是必不可少的。

5）工作介质：传递能量的流体，如液压油等。

（6）液压传动的主要参数

1）压力：也就是单位面积上液体的作用力，用符号 P 表示。压力的单位：Pa（帕）　　$1Pa=1N/m^2$

$1MPa = 10^6 Pa = 10bar$（巴） 1bar 约等于 $1kg/cm^2$

2) 流量：单位时间内通过某截面的液体体积。一般用 Q 或 q 表示。流量的单位：法定计量单位是 m^3/s（米³/秒），常用单位：L/min（升/分）

(7) 液压油的作用及性能要求

1) 作用

① 有效地传递能量和信号；

② 润滑运动零件，减少摩擦和磨损；

③ 在对偶运动副中提供支撑；

④ 吸收、运送和传递系统所产生的热量；

⑤ 防止腐蚀；

⑥ 传输、分离和沉淀系统中的非可溶性污染物质；

⑦ 为元件和系统的失效提供和传递诊断信息。

2) 性能要求

① 适当的黏度和良好的黏温特性

黏度过大将导致黏性阻力损失增加；温升大；泵的吸入性能变差，启动困难，甚至产生气蚀；控制灵敏度下降。黏度太低将使泄漏增加、容积效率降低；控制精度下降；液体润滑膜变薄，甚至无法形成液体润滑而使磨损加剧。

液压油可以通过添加黏度指数添加剂来提高黏度指数，改善黏温特性。如聚异丁烯、聚甲基丙烯酸酯等。

② 良好的抗磨性（润滑性）

抗磨性是一种与黏度无关，而是通过在油中加入添加剂以在摩擦副对偶面上形成油膜来达到减轻磨损的性能。黏度高不一定润滑性能好，如硅油，但是如黏度低则液体膜太薄不能覆盖表面粗糙度，抗磨性不好。

通过在液压油中添加油性添加剂（油酸、硫化鲸鱼油和硫化烯烃棉籽油等）和极压抗磨添加剂（含磷、硫、锌等物质，如二烷基二硫代磷酸锌、二硫化钼等，可以高温重载使用），使液压油在金属表面形成的物理或化学吸附膜，这种膜也叫边界膜，边界膜形成摩擦副之间的边界润滑，阻止直接接触，有利于减小摩擦和磨损。

③ 良好的氧化安定性和热安定性

氧化安定性是指油液耐氧化的能力。油液受到空气中的氧、水和金属物质等影响会氧化而生成有机酸和聚合物，液压油的颜色变深、酸值增加、黏度变化和生成沉淀物质（焦油），因此液压油的腐蚀性增加，容易堵塞液压元件的小孔和加剧磨损。

热安定性是指油液在高温下抵抗化学反应和分解的能力。油液在高温下会加快裂解和聚合，金属表面还充当催化剂作用。所以液压油必须耐受一定的高温，同时避免在极高的温度下工作。

④ 良好的抗乳化性和水解稳定性

油液抵抗与水混合形成乳化液的能力叫抗乳化性。油液抵抗与水发生化学反应而分解的能力叫水解稳定性。

水是液压系统中的一种污染物，通过潮湿的空气从油箱的呼吸孔或油缸活塞杆回缩而带入系统。液压油有吸水性，吸水性取决于基础油的性能、添加剂和温度。经过激烈的搅动，油中的水很容易析出而与油形成乳化液，这时的水以微小的水珠分散相存在油中。水可导致腐蚀、加速油液变质、破坏油膜和降低液压油的润滑性。

⑤ 良好的抗泡性和空气释放性

液压油抵抗与空气结合形成泡沫的能力叫抗泡性。液压油释放分散在其中的空气的能力叫空气释放性。

空气可引起油液的弹性模降低、动态性能降低；同时可引起振动和噪声，最终导致润滑油膜断裂，加剧摩擦与磨损。

⑥ 良好的防锈蚀性

空气中的氧、水，以及各种添加剂与液压油发生氧化和分解所产生的酸性物质都可能对金属表面产生腐蚀，加剧磨损。

⑦ 与密封材料的相容性介质

⑧ 与密封材料之间不发生相互损坏的现象。主要是指液压油与密封件接触后，不损坏密封件和降低密封件的密封性能。介

质可能使密封材料溶胀、软化、硬化。

2. 常见液压元件介绍

(1) 液压泵

1) 定义

液压泵是一种动力元件,把机械能转换成液体压力能,依靠泵的密封工作腔容积的变化来实现吸油和压油的。

2) 分类

从结构上分为:柱塞泵、齿轮泵、叶片泵、螺杆泵;

从流量上分为:变量泵、定量泵。

3) 液压泵的主要性能和参数

工作压力 p:液压泵实际工作时的输出压力称为工作压力。工作压力大小取决于外负载的大小和排油管路上的压力损失,而与液压泵的流量无关。

额定压力 p_s:液压泵在正常工作条件下,按试验标准规定,连续运转中允许达到的最高压力称为液压泵的额定压力。

最高允许压力:在超过额定压力的条件下,根据试验标准规定,允许液压泵短暂运行的最高压力值,称为液压泵的最高允许压力,超过此压力,泵的泄漏会迅速增加。

4) 液压泵的排量和流量

排量 V:在没有泄漏的情况下,液压泵转过一转时所能输出的油液的体积。

理论流量 q_t:在不考虑泄漏的情况下,液压泵在单位时间内输出的油液体积。其大小与转速 n 和排量 V 有关,即 $q_t=Vn$。

实际流量 q:是指单位时间内实际输出的油液体积。

额定流量 q_s:是指在额定转速和额定压力下输出的流量。

5) 选用的原则

① 是否要求变量;

② 工作压力:柱塞泵额定压力最高;

③ 工作环境:齿轮泵抗污能力最好;

④ 噪声指标:双作用叶片泵较好;

⑤ 效率。

6) 液压泵的优点

① 制造容易，工艺性好，价格便宜；

② 结构紧凑，体积小，重量轻；

③ 吸油能力较好，且能耐冲击性负载；

④ 转速范围大；

⑤ 抗污染能力强；

⑥ 便于维护和管理。

7) 液压泵的缺点

① 轴承承受载荷大（径向力不易平衡）；

② 流量变化大；

③ 噪声大，效率低。

（2）液压马达

1) 定义

液压马达是一种执行元件，液压马达的作用与泵相反，液压马达是将液压能转换为机械能的装置。

2) 分类

按其结构类型来分可分为：齿轮式、叶片式、柱塞式等其他形式。

按其额定转速来分可分为：高速、低速。

3) 液压马达的特点

① 高速液压马达的特点：转速高、转动惯量小，便于启动和制动，调速和换向灵敏度高。通常高速液压马达输出转矩不大（仅几十牛顿米到几百牛顿米），所以又称为高速小转矩马达，高速液压马达的基本形式有齿轮式、螺杆式、叶片式和轴向柱塞式等。

② 低速液压马达的特点：排量大、体积大、转速低（可达每分钟几转甚至零点几转）、输出转矩大（可达几千牛顿米到几万牛顿米），所以被称为低速大转矩液压马达，低速液压马达的基本形式是径向柱塞式。

4）泵与马达结构上的差异：

液压马达是使负载作连续、旋转的执行元件，其内部构造与液压泵类似，差别仅在于液压泵的旋转是由电动机带动，输出的是液压油；液压马达则是输入液压油，输出的是转矩和转速。因此，液压马达和液压泵在内部结构上存在一定的差别。

① 液压泵的吸油腔一般为真空，通常把进口做得比出口大；而液压马达的排油腔压力稍高于大气压力，进、出口尺寸相同。

② 液压泵在结构上须保证具有自吸能力，而液压马达则无此要求。

③ 液压马达需要正、反转，在内部结构上应具有对称性；而液压泵一般为单向旋转，其内部结构可以不对称。

④ 应保证液压马达的轴承结构形式及润滑方式能在高速状态正常工作；而液压泵转速高且变化小，无此苛刻要求。

⑤ 液压马达应有较大的启动扭矩。

5）液压马达的选用

① 适应主机工作情况要求。

② 对各类液压马达进行技术经济分析比较，选取适合的液压马达。

③ 所选的液压马达要有一定的能量储备，主要参数指标要比工作的稍大些。

(3) 液压缸

1）定义

液压缸是将液压能转变为机械能的、做直线往复运动或摆动运动的液压执行元件。

2）液压缸的分类

按结构形式，可分为活塞缸、柱塞缸、摆动缸和特殊缸四类；

按额定压力分为高压和超高压液压缸、中高压液压缸与中低压液压缸。

3）液压缸的基本结构

① 缸筒：缸筒是液压缸的主体零件，它与缸盖、活塞等零件构成密闭的容腔，推动活塞运动。

② 缸盖：缸盖装在液压缸两端，与缸筒构成紧密的油腔。通常有焊接、螺纹、螺栓、卡键和拉杆等多种连接方式，一般根据工作压力、油缸的连接方式及使用环境等因素选择。

③ 活塞杆：活塞杆是液压缸传递力的主要元件。

④ 活塞：活塞是将液压能转为机械能的主要元件，它的有效工作面积直接影响液压缸的作用力和运动速度。活塞与活塞杆连接有多种形式，常用的有卡环型、轴套型和螺母型等。

⑤ 导向套：导向套对活塞杆起导向和支撑作用，它要求配合精度高，摩擦阻力小，耐磨性好，能承受活塞杆的压力、弯曲力以及冲击振动。内装有密封装置以保证缸筒的密封，外侧装有防尘圈，以防止杂质、灰尘和水分带到密封装置处，损坏密封。金属导向套一般采用摩擦系数小、耐磨性好的青铜、灰铸铁、球墨铸铁和氧化铸铁等；非金属导向套可采用聚四氟乙烯和聚三氟氯乙烯等。

⑥ 缓冲装置：活塞和活塞杆在压力的驱动下运动时具有很大的动量，当进入油缸的端盖和缸底部分时，会引起机械碰撞，产生很大的冲击压力和噪声。采用缓冲装置，就是为了避免这种碰撞。其工作原理是使缸筒低压腔内油液（全部或部分）通过节流把动能转换为热能，热能则由循环的油液带到液压缸外。缓冲装置的结构分为恒节流面积缓冲装置和变节流型缓冲装置两种。

4）液压缸的主要参数

液压缸的主要参数包括压力、流量、尺寸规格、活塞行程、运动速度、推拉力、效率和液压缸功率等。

① 压力：压力是油液作用在单位面积上的压强。计算公式 $p=F/A$，即作用在活塞上的载荷除以活塞的有效工作面积。从上式可知，压力值的建立是由载荷的存在而产生的。在同一个活塞的有效工作面积上，载荷越大，克服载荷所需要的压力就越

大。换句话说，如果活塞的有效工作面积一定，油液压力越大，活塞产生的作用力就越大。平常我们说的额定压力，是液压缸能以长期工作的压力。

② 流量：流量是单位时间内油液通过缸筒有效截面积的体积。计算公式 $Q=V/t=vA$，其中 V 表示液压缸活塞一次行程中所消耗的油液体积，t 表示液压缸活塞一次行程所需时间，v 表示活塞杆运动速度，A 表示活塞的有效工作面积。

③ 活塞行程：活塞行程指活塞往复运动时在两极之间走过的距离。一般在满足了油缸的稳定性要求后，按实际工作行程选取与其相近似的标准行程。

④ 活塞的运动速度：运动速度是单位时间内油液推动活塞移动的距离，可表示为 $v=Q/A$。

⑤ 尺寸规格：尺寸规格主要包括缸筒的内外径、活塞直径、活塞杆直径和缸盖尺寸等，这些尺寸根据液压缸的使用环境，安装形式，所需提供的推拉力以及行程等来计算，设计和校核。

5）液压缸的发展动态

随着液压技术的深入普及和应用领域、场合的日益扩大，对液压缸的工作性能、构造、使用范围、制造精度、外观、材料、试验方法都不断提出新的要求，因此，不断推动着液压缸的发展和进步。其总的趋势为：

① 高压化、小型化。高压化是减少液压缸径向尺寸和减轻重量，并缩小整套液压装置体积的有效途径。

② 新材质、轻量化。随着高压化、小型化，液压缸使用环境的考验等，新材质、轻量化也成了解决办法之一。

③ 新颖结构复合化。为了适应液压缸应用范围的扩大，各种新颖结构的液压缸不断出现，如自控液压缸、自锁液压缸、钢缆式液压缸、蠕动式液压缸和复合化液压缸等。

④ 高性能、多品种。

⑤ 节能化与耐腐蚀。

(4) 液压阀

液压阀是液压系统中的控制元件,用来控制液压系统中的压力、流量及流动方向,从而使之满足各类执行元件不同的动作要求。

液压阀的基本机构主要包括阀芯、阀体和驱动阀芯在阀体内做相对运动的装置。阀芯的主要形式有滑阀、锥阀和球阀;阀体上除有与阀芯配合的阀体孔和阀座孔外,还有外接油管的进、出油口;驱动阀芯在阀体内作相对运动的装置可以是手调机构,也可以是弹簧或电磁铁、液压力驱动。在工作原理上,液压阀是利用阀芯在阀体上的相对运动来控制阀口的通断及阀口的大小,以实现压力、流量和方向控制。

1)溢流阀:通过阀口的溢流,使被控制系统或回路的压力维持恒定,实现稳压、调压或限压作用。根据工作原理和结构不同分为直动式和先导式。

2)直动式溢流阀:压力油直接作用在阀芯的底部,达到设定压力后,油压将阀芯顶开,从回油口流回油箱。直接利用液体压力与弹簧力相平衡,以控制阀芯的启闭动作,从而保证进油口压力基本恒定。对于高压大流量的压力阀,要求调压弹簧具有很强的弹性,这样不仅使阀的调节性能变差,结构上也难以实现,因此,不适合在高压、大流量下工作。

3)减压阀:利用液体流过缝隙产生压力损失,使其出口压力低于进口压力的压力控制阀。减压阀由压力先导阀和主阀组成。出口压力油引至主阀芯上腔和先导阀前腔,当出口压力大于减压阀的调定压力时,先导阀开启,主阀芯上移,减压缝隙变小,这样才能起到减压作用并且能够保证出口压力为定值。

4)顺序阀:利用油液压力作为控制信号来控制油路的通断,从而控制多个执行元件的动作顺序。

5)单向阀:一种只允许液体沿一个方向通过,而反方向液体被截止的方向阀。

6)液控单向阀:可以用来实现逆向流动的单向阀。

7)换向阀:利用阀芯与阀体间相对位置的不同,来变换阀体上各主油口的通断关系,实现各油路连通、切断或改变液体方向的阀类。

8) 节流阀:相当于一个可变节流口,借助控制机构使阀芯相对于阀体改变阀口的过流面积。

9) 分流集流阀:用来保证多个执行元件速度同步的流量控制阀,又称为同步阀。它包括分流阀、集流阀和分流集流阀三种控制类型。

10) 优先阀:当一个定量泵向多个工作执行机构供给压力油时,需优先保证主油路或关键动作元件。

3. 常用液压图形符号

常用液压图形符号见表 2.1-1～表 2.1-10。

液压泵、液压马达和液压缸　　　　表 2.1-1

名称		符号	说明
液压泵	液压泵		一般符号
	单向定量液压泵	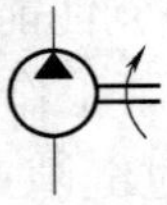	单向旋转、单向流动、定排量
	双向定量液压泵		双向旋转,双向流动,定排量
	单向变量液压泵		单向旋转,单向流动,变排量
	双向变量液压泵		双向旋转,双向流动,变排量

续表

名称		符号	说明
液压马达	液压马达		一般符号
	单向定量液压马达		单向流动,单向旋转
	双向定量液压马达	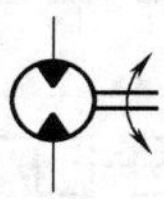	双向流动,双向旋转,定排量
	单向变量液压马达		单向流动,单向旋转,变排量
	双向变量液压马达	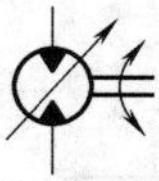	双向流动,双向旋转,变排量
	摆动马达	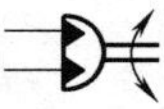	双向摆动,定角度
泵-马达	定量液压泵-马达	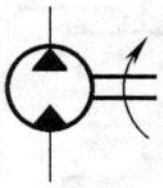	单向流动,单向旋转,定排量
	变量液压泵-马达	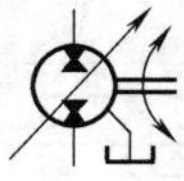	双向流动,双向旋转,变排量,外部泄油
	液压整体式传动装置		单向旋转,变排量泵,定排量马达

2 岗位基础知识 | 31

续表

名称		符号	说明
单作用缸	单活塞杆缸	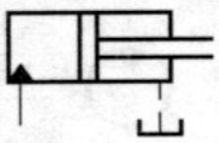	详细符号
		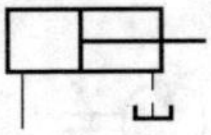	简化符号
	单活塞杆缸（带弹簧复位）	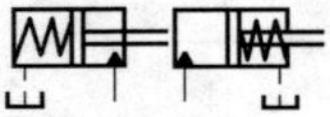	详细符号
		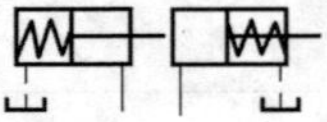	简化符号
	柱塞缸	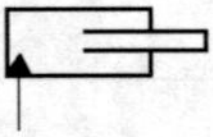	
	伸缩缸	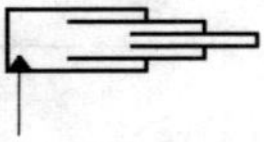	
双作用缸	单活塞杆缸	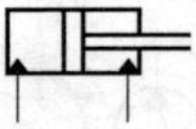	详细符号
		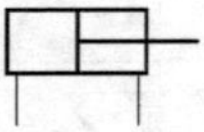	简化符号
	双活塞杆缸	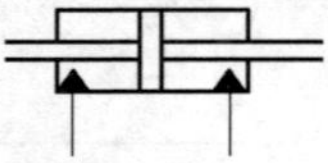	详细符号
		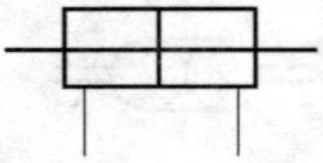	简化符号

续表

名称		符号	说明
双作用缸	不可调单向缓冲缸	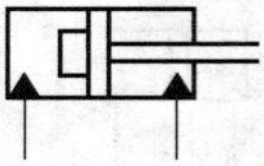	详细符号
		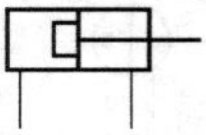	简化符号
	可调单向缓冲缸	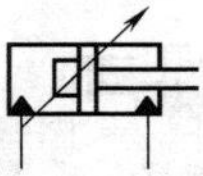	详细符号
		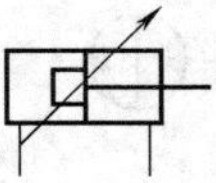	简化符号
	不可调双向缓冲缸	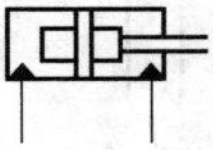	详细符号
		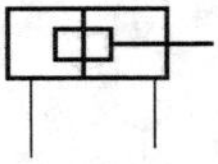	简化符号
	可调双向缓冲缸	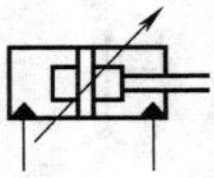	详细符号
		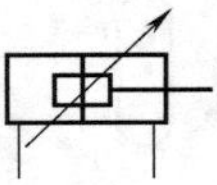	简化符号
	伸缩缸	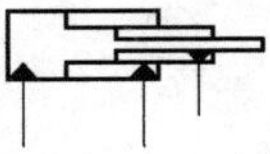	

续表

名称		符号	说明
压力转换器	气-液转换器	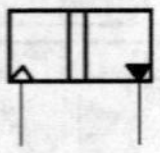	单程作用
		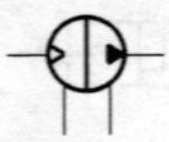	连续作用
	增压器		单程作用
			连续作用
蓄能器	蓄能器	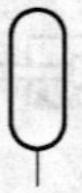	一般符号
	气体隔离式		
	重锤式		
	弹簧式	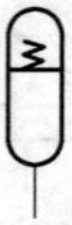	
辅助气瓶			

续表

名称		符号	说明
能量源	气罐		
	液压源		一般符号
	气压源		一般符号
	电动机	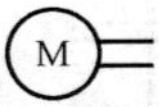	
	原动机	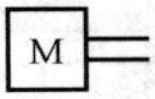	电动机除外

机械控制装置和控制方法　　　　表 2.1-2

名称		符号	说明
机械控制件	直线运动的杆		箭头可省略
	旋转运动的轴	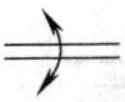	箭头可省略
	定位装置		
	锁定装置		*为开锁的控制方法
	弹跳机构		

2 岗位基础知识

续表

名称		符号	说明
机械控制方法	顶杆式	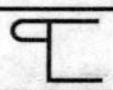	
	可变行程控制式	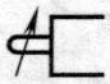	
	弹簧控制式	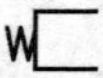	
	滚轮式	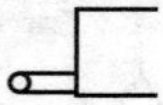	两个方向操作
	单向滚轮式	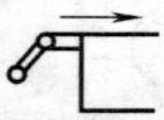	仅在一个方向上操作,箭头可省略
人力控制方法	人力控制	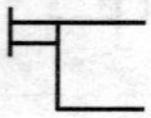	一般符号
	按钮式	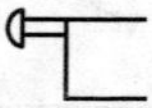	
	拉钮式	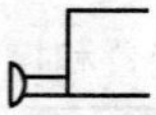	
	按拉式	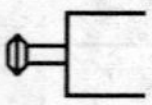	
	手柄式	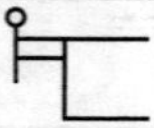	
	单向踏板式	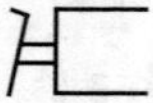	
	双向踏板式	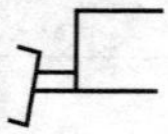	
直接压力控制方法	加压或卸压控制	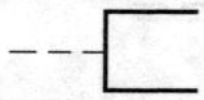	
	差动控制	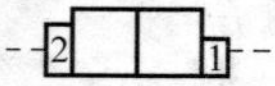	
	内部压力控制	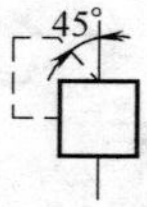	控制通路在元件内部

续表

名称		符号	说明
直接压力控制方法	外部压力控制	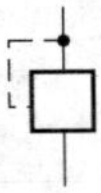	控制通路在元件外部
先导压力控制方法	液压先导加压控制	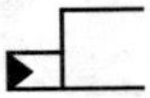	内部压力控制
	液压先导加压控制	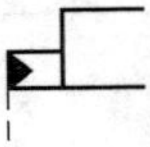	外部压力控制
	液压二级先导加压控制	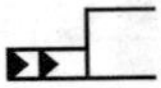	内部压力制,内部泄油
	气-液先导加压控制	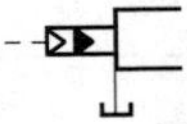	气压外部控制,液压内部控制,外部泄油
	电-液先导加压控制	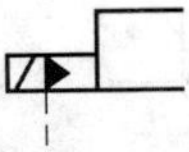	液压外部控制,内部泄油
	液压先导卸压控制	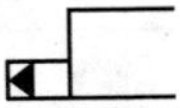	内部压力控制,内部泄油
		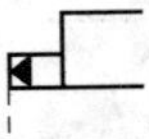	外部压力控制(带遥控泄放口)
	电-液先导控制	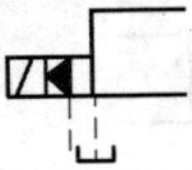	电磁铁控制、外部压力控制,外部泄油
	先导型压力控制阀	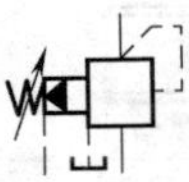	带压力调节弹簧,外部泄油,带遥控泄放口
	先导型比例电磁式压力控制阀	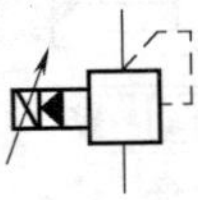	先导级由比例电磁铁控制,内部泄油

续表

名称		符号	说明
电气控制方法	单作用电磁铁	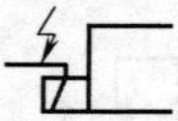	电气引线可省略,斜线也可向右下方
	双作用电磁铁	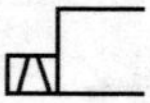	
	单作用可调电磁操作（比例电磁铁,力马达等）	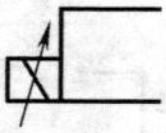	
	双作用可调电磁操作（力矩马达等）		
	旋转运动电气控制装置	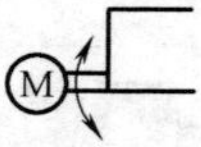	
反馈控制方法	反馈控制	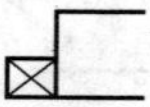	一般符号
	电反馈	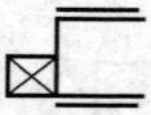	由电位器、差动变压器等检测位置
	内部机械反馈	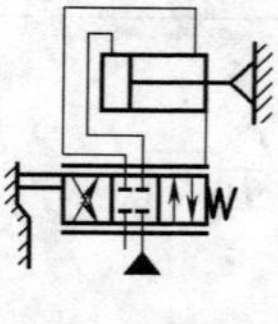	如随动阀仿形控制回路等

压力控制阀 表 2.1-3

名称		符号	说明
溢流阀	溢流阀	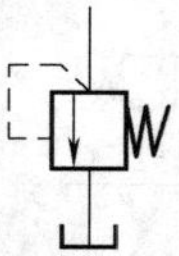	一般符号或直动型溢流阀
	先导型溢流阀	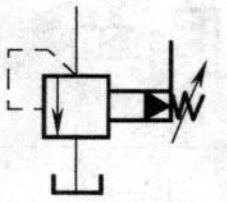	
	先导型电磁溢流阀	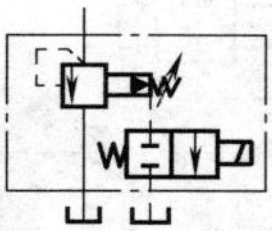	（常闭）
	直动式比例溢流阀	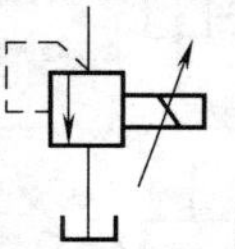	
	先导比例溢流阀	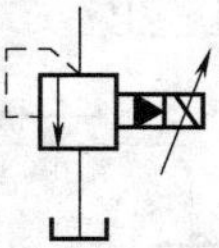	
	卸荷溢流阀	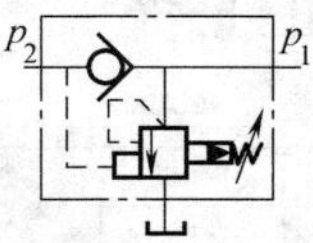	$p_2 > p_1$ 时卸荷
	双向溢流阀	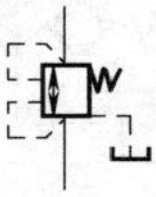	直动式，外部泄油
减压阀	减压阀	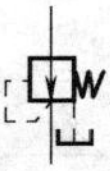	一般符号或直动型减压阀
	先导型减压阀	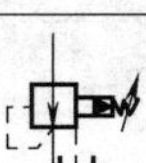	

续表

名称		符号	说明
减压阀	溢流减压阀		
	先导型比例电磁式溢流减压阀	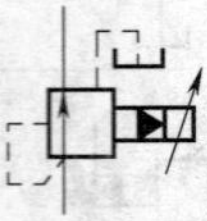	
	定比减压阀	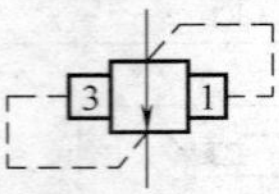	减压比 1/3
	定差减压阀		
顺序阀	顺序阀	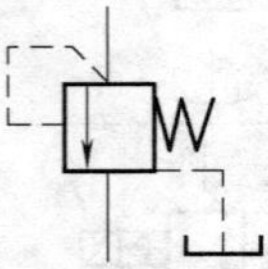	一般符号或睦动型顺序阀
	先导型顺序阀	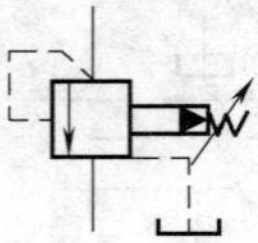	
	单向顺序阀（平衡阀）	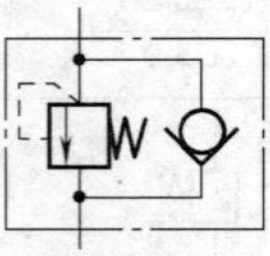	
卸荷阀	卸荷阀		一般符号或直动型卸荷阀
	先导型电磁卸荷阀	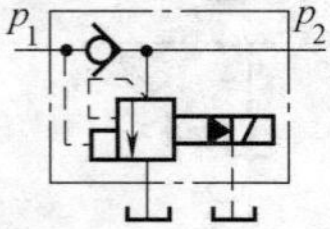	$p_1 > p_2$

续表

名称		符号	说明
制动阀	双溢流制动阀	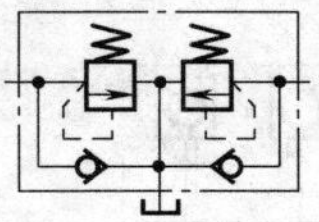	
	溢流油桥制动阀	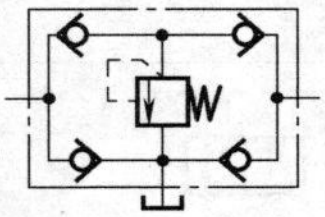	

方向控制阀　　　　　　　　　　　表 2.1-4

名称		符号	说明
单向阀	单向阀	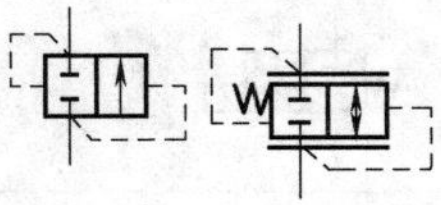	详细符号
		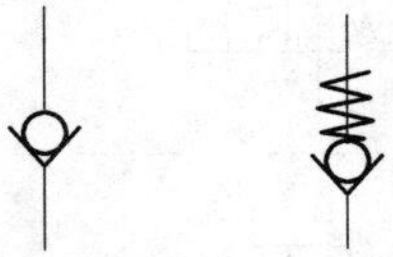	简化符号(弹簧可省略)
液压单向阀	液控单向阀	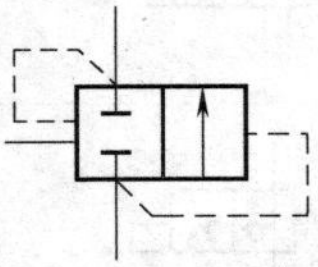	详细符号(控制压力关闭阀)
			简化符号
		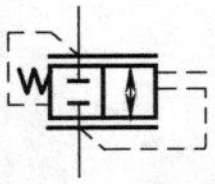	详细符号(控制压力打开阀)
			简化符号(弹簧可省略)

续表

名称		符号	说明
液压单向阀	双液控单向阀	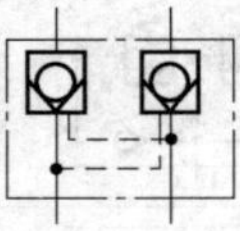	
梭阀	或门型	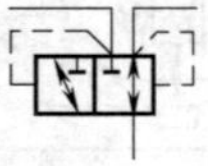	详细符号
		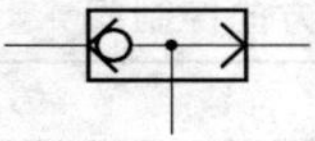	简化符号
换向阀	二位二通电磁阀	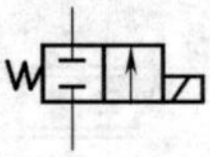	常断
			常通
	二位三通电磁阀	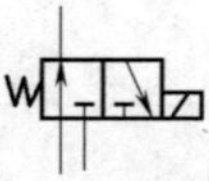	
	二位三通电磁球阀	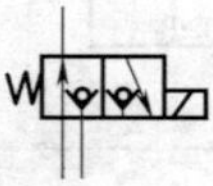	
	二位四通电磁阀	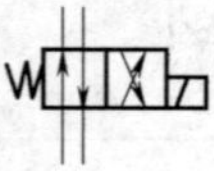	
	二位五通液动阀		

续表

名称		符号	说明
换向阀	二位四通机动阀		
	三位四通电磁阀		
	三位四通电液阀	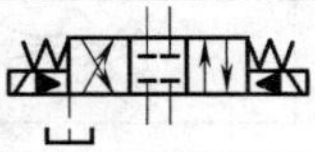	简化符号（内控外泄）
	三位六通手动阀	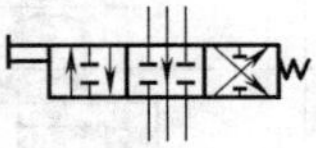	
	三位五通电磁阀		
	三位四通电液阀	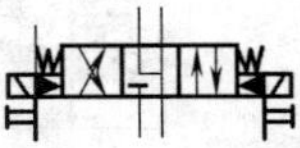	外控内泄（带手动应急控制装置）
	三位四通比例阀	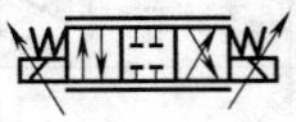	节流型，中位正遮盖
	三位四通比例阀		中位负遮盖
	二位四通比例阀	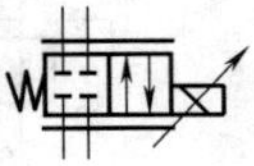	
	四通伺服阀		
	四通电液伺服阀	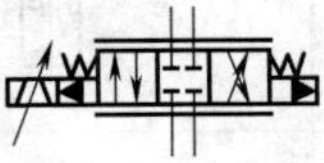	二级
		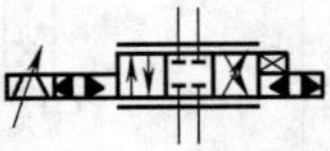	带电反馈三级

流量控制阀　　　　　　　　表 2.1-5

名称		符号	说明
节流阀	可调节流阀	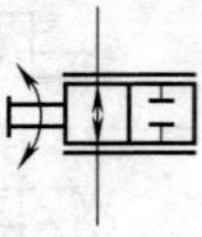	详细符号
			简化符号
	不可调节流阀		一般符号
	单向节流阀	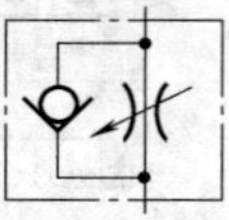	
	双单向节流阀	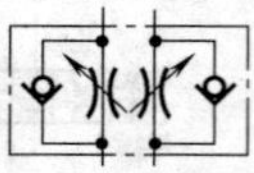	
	截止阀		
	滚轮控制节流阀（减速阀）	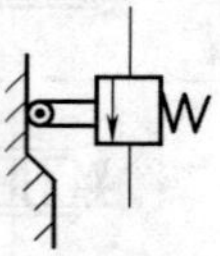	
调速阀	调速阀	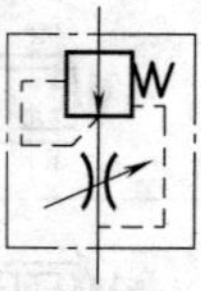	详细符号
	调速阀		简化符号
	旁通型调速阀		简化符号

续表

名　称		符　号	说　明
调速阀	温度补偿型调速阀	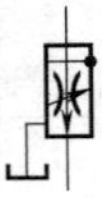	简化符号
	单向调速阀	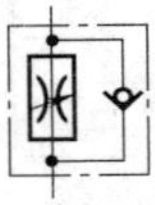	简化符号
同步阀	分流阀	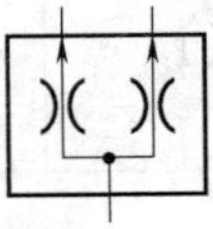	
	单向分流阀	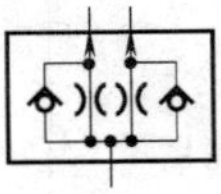	
	集流阀	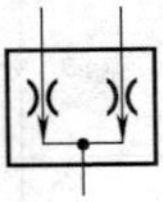	
	分流集流阀	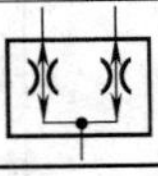	

油箱　表 2.1-6

名　称		符　号	说　明
通大气式	管端在液面上	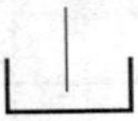	
	管端在液面下	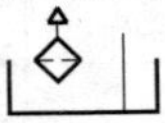	带空气过滤器
油箱	管端在油箱底部	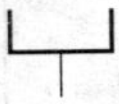	
	局部泄油或回油		
	加压油箱或密闭油箱	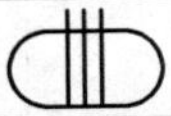	三条油路

2　岗位基础知识

流体调节器　　　　　　　表 2.1-7

名称		符号	说明
过滤器	过滤器		一般符号
	带污染指示器的过滤器	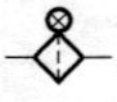	
	磁性过滤器		
	带旁通阀的过滤器	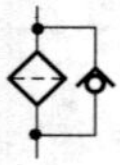	
	双筒过滤器	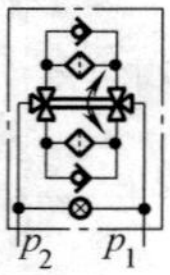 (P_2　P_1)	p_1：进油 p_2：回油
空气过滤器		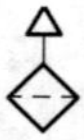	
温度调节器			
冷却器	冷却器		一般符号
	带冷却剂管路的冷却器		
加热器			一般符号

检测器、指示器　　　表 2.1-8

名　称		符　号	说　明
压力检测器	压力指示器	 ⊗	
	压力表(计)		
	电接点压力表 （压力显控器）	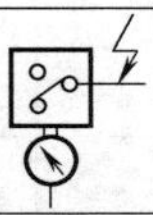	
	压差控制表	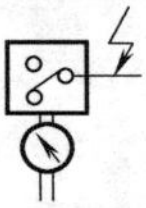	
	液位计		
流量检测器	检流计(液流指示器)		
	流量计	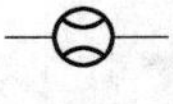	
	累计流量计	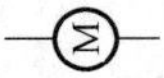	
	温度计		
	转速仪	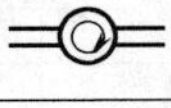	
	转矩仪	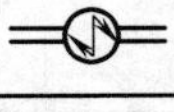	

其他辅助元器件　　　　　表 2.1-9

名称		符号	说明
压力继电器（压力开关）			详细符号
		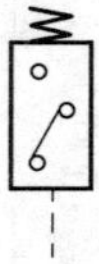	一般符号
行程开关		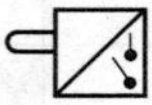	详细符号
		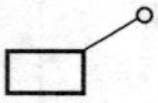	一般符号
联轴器	联轴器	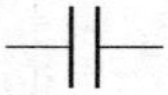	一般符号
	弹性联轴器		
压差开关		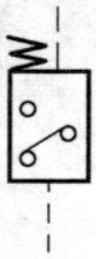	
传感器	传感器		一般符号
	压力传感器	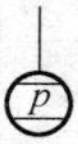	
	温度传感器		
	放大器		

管路、管路接口和接头　　　　　　表 2.1-10

名称		符号	说明
管路	管路	——	压力管路 回油管路
	连接管路	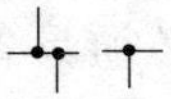	两管路相交连接
	控制管路	- - - -	可表示泄油管路
快换接头	不带单向阀的快换接头	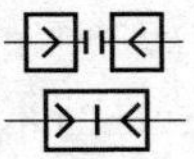	
	带单向阀的快换接头	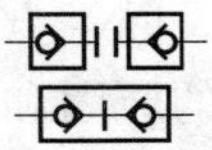	
管路	交叉管路	 +	两管路交叉不连接
	柔性管路	⌣	
	单向放气装置 (测压接头)		
旋转接头	单通路旋转接头	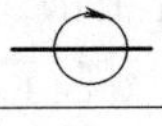	
	三通路旋转接头		

4. 常见液压故障的诊断与处理方法

(1) 常见故障的诊断方法

液压设备是由机械、液压、电气等装置组合而成的，故出现的故障也是多种多样的。某一种故障现象可能由许多因素影响造成的，因此分析液压故障必须能看懂液压系统原理图，对原理图中各个元件的作用有一个大体的了解，然后根据故障现象进行分析、判断，针对许多因素引起的故障原因需逐一分析，抓住主要矛盾，才能较好的解决和排除。液压系统中工作元件和管路中的流动情况，外界是很难了解到的，所以给分析、诊断带来了较多的困难，因此，要求必须具备较强分析判断故障的能力。在机械、液压、电气诸多复杂的关系中找出故障原因和部位并及时、准确加以排除。

1）简易故障诊断法

简易故障诊断法是目前采用最普遍的方法，它是靠维修人员凭个人的经验，利用简单仪表根据液压系统出现的故障，客观的采用问、看、听、摸、闻等方法了解系统工作情况，进行分析、诊断、确定产生故障的原因和部位，具体做法如下：

① 询问设备操作者，了解设备运行状况。其中包括：液压系统工作是否正常；液压泵有无异常现象；滤芯清洗和更换情况；发生故障前是否对液压元件进行了调节；是否更换过密封元件；故障前后液压系统出现过哪些不正常现象；过去该系统出现过什么故障，是如何排除的等，需逐一进行了解。

② 看液压系统工作的实际状况，观察系统压力、速度、油液、泄漏、振动等是否存在问题。

③ 听液压系统的声音，如：冲击声；泵的噪声及异常声；判断液压系统工作是否正常。

④ 摸温升、振动、爬行及连接处的松紧程度判定运动部件工作状态是否正常。总之，简易诊断法只是一个简易的定性分析，对快速判断和排除故障，具有较广泛的实用性。

2）液压系统原理图分析法

根据液压系统原理图分析液压传动系统出现的故障，找出故障产生的部位及原因，并提出排除故障的方法。液压系统图分析法是目前工程技术人员应用最为普遍的方法，它要求人们对液压知识具有一定基础并能看懂液压系统图，掌握各图形符号所代表元件的名称、功能，对元件的原理、结构及性能也应有一定的了解，有这样的基础，结合动作循环表对照分析、判断故障就很容易了。所以认真学习液压基础知识、掌握液压原理图是故障诊断与排除最有力的助手，也是其他故障分析法的基础，必须认真掌握。

3）其他分析法

液压系统发生故障时，往往不能立即找出故障发生的部位和根源，为了避免盲目性，必须根据液压系统原理进行逻辑分析或采用因果分析等方法逐一排除，最后找出发生故障的部位，这就是用逻辑分析的方法查找出故障。

常见故障现象、原因分析及消除方法常见表 2.1-11～表 2.1-27。

系统噪声、振动大的消除方法　　　　表 2.1-11

故障现象及原因	消除方法
泵中噪声、振动，引起管路、油箱共振	(1)在泵的进、出油口用软管连接； (2)泵不要装在油箱上，应将电动机和泵单独装在底座上，和油箱分开； (3)加大液压泵，降低电动机转数； (4)在泵的底座和油箱下面塞进防振材料； (5)选择低噪声泵，采用立式电动机将液压泵浸在油液中
阀弹簧所引起的系统共振	(1)改变弹簧的安装位置； (2)改变弹簧的刚度； (3)把溢流阀改成外部泄油形式； (4)采用遥控的溢流阀； (5)完全排出回路中的空气； (6)改变管道的长短、粗细、材质、厚度等； (7)增加管夹使管道不致振动； (8)在管道的某一部位装上节流阀
空气进入液压缸引起的振动	(1)很好地排出空气； (2)可对液压缸活塞、密封衬垫涂上二硫化钼润滑脂即可
管道内油流激烈流动的噪声	(1)加粗管道，使流速控制在允许范围内； (2)少用弯头多采用曲率小的弯管； (3)采用胶管； (4)油流紊乱处不采用直角弯头或三通； (5)采用消声器、蓄能器等

续表

故障现象及原因	消除方法
油箱有共鸣声	(1)增厚箱板； (2)在侧板、底板上增设筋板； (3)改变回油管末端的形状或位置
阀换向产生的冲击噪声	(1)降低电液阀换向的控制压力； (2)在控制管路或回油管路上增设节流阀； (3)选用带先导卸荷功能的元件； (4)采用电气控制方法，使两个以上的阀不能同时换向
溢流阀、卸荷阀、液控单向阀、平衡阀等工作不良，引起的管道振动和噪声	(1)适当处装上节流阀； (2)改变外泄形式； (3)对回路进行改造； (4)增设管夹

系统压力不正常的消除方法　　　表 2.1-12

	故障现象及原因	消除方法
压力不足	溢流阀旁通阀损坏	修理或更换
	减压阀设定值太低	重新设定
	集成通道块设计有误	重新设计
	减压阀损坏	修理或更换
	泵、马达或缸损坏，内泄大	修理或更换
压力不稳定	油中混有空气	堵漏、加油、排气
	溢流阀磨损、弹簧刚性差	修理或更换
	油液污染、堵塞阀阻尼孔	清洗、换油
	蓄能器或充气阀失效	修理或更换
	泵、马达或缸磨损	修理或更换
压力过高	减压阀、溢流阀或卸荷阀设定值不对	重新设定
	变量机构不工作	修理或更换
	减压阀、溢流阀或卸荷阀堵塞或损坏	清洗或更换

系统动作不正常的消除方法　　　　表 2.1-13

故障现象及原因		消除方法
系统压力正常执行元件无动作	电磁阀中电磁铁有故障	排除或更换
	限位或顺序装置(机械式、电气式或液动式)不工作或调得不对	调整、修复或更换
	机械故障	排除
	没有指令信号	查找、修复
	放大器不工作或调得不对	调整、修复或更换
	阀不工作	调整、修复或更换
	缸或马达损坏	修复或更换
执行元件动作太慢	泵输出流量不足或系统泄漏太大	检查、修复或更换
	油液黏度太高或太低	检查、调整更换
	阀的控制压力不够或阀内阻尼孔堵塞	清洗、调整
	外负载过大	检查、调整
	放大器失灵或调得不对	调整修复或更换
	阀芯卡涩	清洗、过滤或换油
	缸或马达磨损失重	修理或更换
动作不规则	压力不正常	见表 2.1-14 消除
	油中混有空气	加油、排气
	指令信号不稳定	查找、修复
	放大器失灵或调得不对	调整、修复或更换
	传感器反馈失灵	修理或更换
	阀芯卡涩	清洗、滤油
	缸或马达磨损或损坏	修理或更换

压力不正常的消除方法　　　　表 2.1-14

故障现象及原因		消除方法
压力不足	溢流阀旁通阀损坏	修理或更换
	减压阀设定值太低	重新设定
	集成通道块设计有误	重新设计
	减压阀损坏	修理或更换
	泵、马达或缸损坏、内泄大	修理或更换

续表

故障现象及原因		消除方法
压力不稳定	油中混有空气	堵漏、加油、排气
	溢流阀磨损、弹簧刚性差	修理或更换
	油液污染、堵塞阀阻尼孔	清洗、换油
	蓄能器或充气阀失效	修理或更换
	泵、马达或缸磨损	修理或更换
压力过高	减压阀、溢流阀或卸荷阀设定值不对	重新设定
	变量机构不工作	修理或更换
	减压阀、溢流阀或卸荷阀堵塞或损坏	清洗或更换

系统液压冲击大的消除方法　　　　表 2.1-15

现象及原因		消除方法
换向时产生冲击	换向时瞬时关闭、开启，造成动能或势能相互转换时产生的液压冲击	(1)延长换向时间； (2)设计带缓冲的阀芯； (3)加粗管径、缩短管路
液压缸在运动中突然被制动所产生的液压冲击	液压缸运动时，具有很大的动量和惯性，突然被制动，引起较大的压力增值故产生液压冲击	(1)液压缸进出油口处分别设置，反应快、灵敏度高的小型安全阀； (2)在满足驱动力时尽量减少系统工作压力，或适当提高系统背压； (3)液压缸附近安装囊式蓄能器
液压缸到达终点时产生的液压冲击	液压缸运动时产生的动量和惯性与缸体发生碰撞，引起的冲击	(1)在液压缸两端设缓冲装置； (2)液压缸进出油口处分别设置反应快,灵敏度高的小型溢流阀； (3)设置行程(开关)阀

系统油温过高的消除方法　　　　表 2.1-16

故障现象及原因	消除方法
设定压力过高	适当调整压力
溢流阀、卸荷阀、压力继电器等卸荷回路的元件工作不良	改正各元件工作不正常状况
卸荷回路的元件调定值不适当,卸压时间短	重新调定,延长卸压时间

续表

故障现象及原因	消除方法
阀的漏损大,卸荷时间短	修理漏损大的阀,考虑不采用大规格阀
高压小流量、低压大流量时不要由溢流阀溢流	变更回路,采用卸荷阀、变量泵
因黏度低或泵有故障,增大了泵的内泄漏量,使泵壳温度升高	换油,修理、更换液压泵
油箱内油量不足	加油,加大油箱
油箱结构不合理	改进结构,使油箱周围温升均匀
蓄能器容量不足或有故障	换大蓄能器,修理蓄能器
需要安装冷却器,冷却器容量不足,冷却器有故障,进水阀门工作不良,水量不足,油温自动调节装置有故障	安装冷却器,加大冷却器,修理冷却器的故障,修理阀门,增加水量,修理调温装置
溢流阀遥控口节流过量,卸荷的剩余压力高	进行适当调整
管路的阻力大	采用适当的管径
附近热源影响,辐射热大	采用隔热材料反射板或变更布置场所;设置通风、冷却装置等,选用合适的工作油液

液压泵常见故障及处理　　　　表 2.1-17

故障现象		原因分析	消除方法
泵不输油	泵不转	(1)电动机轴未转动: 1)未接通电源; 2)电气线路及元件故障	检查电气并排除故障
		(2)电动机发热跳闸: 1)溢流阀调压过高,超载荷后闷泵; 2)溢流阀阀芯卡死,阀芯中心油孔堵塞或溢流阀阻尼孔堵塞造成超压不溢流; 3)泵出口单向阀装反或阀芯卡死而闷泵; 4)电动机故障	1)调节溢流阀压力值; 2)检修阀芯; 3)检修单向阀; 4)检修或更换电动机
		(3)泵轴或电动机轴上无连接键: 1)折断; 2)漏装	1)更换键; 2)补装键

续表

故障现象		原因分析	消除方法
泵不输油	泵不转	(4)泵内部滑动副卡死: 1)配合间隙太小; 2)零件精度差,装配质量差,齿轮与轴同轴度偏差太大,柱塞头部卡死,叶片垂直度差,转子摆ând太大,转子槽有伤口或叶片有伤痕受力后断裂而卡死; 3)油液太脏; 4)油温过高使零件热变形; 5)泵的吸油腔进入脏物而卡死	1)拆开检修,按要求选配间隙; 2)更换零件,重新装配,使配合间隙达到要求; 3)检查油质,过滤或更换油液; 4)检查冷却器的冷却效果,检查油箱油量并加油至油位线; 5)拆开清洗并在吸油口安装吸油过滤器
	泵反转	电动机转向不对: (1)电气线路接错; (2)泵体上旋向箭头错误	(1)纠正电气线路; (2)纠正泵体上旋向箭头
	泵轴仍可转动	泵轴内部折断: (1)轴质量差; (2)泵内滑动副卡死	检查原因,更换新轴
	泵不吸油	(1)油箱油位过低; (2)吸油过滤器堵塞; (3)泵吸油管上阀门未打开; (4)泵或吸油管密封不严; (5)泵吸油高度超标准且吸油管细长并弯头太多; (6)吸油过滤器过滤精度太高,或通油面积太小; (7)油的黏度太高; (8)叶片泵叶片未伸出,或卡死; (9)叶片泵变量机构动作不灵,使偏心量为零; (10)柱塞泵变量机构失灵,如加工精度差,装配不良,配合间隙太小,泵内部摩擦阻力太大,伺服活塞、变量活塞及弹簧芯轴卡死,通向变量机构的个别油道更换零件有堵塞以及油液太脏,油温太高,使零件热变形等	(1)加油至油位线; (2)清洗滤芯或更换; (3)检查打开阀门; (4)检查和紧固接头处,紧固泵盖螺钉,在泵盖结合处和接头连接处涂上油脂,或先向泵吸油口灌油; (5)降低吸油高度,更换管子,减少弯头; (6)选择合的过滤精度,加大滤油器规格; (7)检查油的黏度,更换适宜的油液,冬季要检查加热器的效果; (8)拆开清洗,合理选配间隙,检查油质,过滤或更换油液; (9)更换或调整变量机构;

续表

故障现象		原因分析	消除方法
泵不输油	泵不吸油	(11)柱塞泵缸体与配油盘之间不密封(如柱塞泵中心弹簧折断); (12)叶片泵配油盘与泵体之间不密封	(10)拆开检查,修配或更换零件,合理选配间隙;过滤或更油液;检查冷却器效果;检查间箱内的油位并加至油位线; (11)更换弹簧; (12)拆开清洗重新装配
泵噪声大	吸空现象严重	(1)吸油过滤器有部分堵塞,吸油阻力大; (2)吸油管距油面较近; (3)吸油位置太高或油箱液位太低; (4)泵和吸油管口密封不严; (5)油的黏度过高; (6)泵的转速太高(使用不当); (7)吸油过滤器通过面积过小; (8)非自吸泵的辅助泵供量不足或有故障; (9)油箱上空气过滤器堵; (10)泵轴油封失效	(1)清洗或更换过滤器; (2)适当加长调整吸油管长度或位置; (3)降低泵的安装高度或提高液位高度; (4)检查连接处和结合面的密封,并紧固; (5)检查油质,按要求选用油的黏度; (6)控制在最高转速以下; (7)更换通油面积大的滤器; (8)修理或更换辅助泵; (9)清洗或更换空气过滤器; (10)更换
	吸入气泡	(1)油液中溶解一定量的空气,在工作过程中又生成的气泡; (2)回油涡流强烈,生成泡沫; (3)管道内或泵壳内存有空气; (4)吸油管浸入油面的深度不够	(1)在油箱内增设隔板,将回油经过隔板消泡后再吸入,油液中加消泡剂; (2)吸油管与回油管要隔开一定距离,回油管要插入油面以下; (3)进行空载运转,排除空气; (4)加长吸油管,往油箱中注油使其液面升高

续表

故障现象		原因分析	消除方法
泵噪声大	液压泵运转不良	(1)泵内轴承磨损严重或破损； (2)泵内部零件破损或磨损： 1)定子环内表面磨损严重； 2)齿轮精度低,摆差大	(1)拆开清洗,更换。 (2)： 1)更换定子圈； 2)研配修复或更换
	泵的结构因素	(1)卸荷槽设计不佳； (2)加工精度差； (3)变量泵变量机构工作不良(间隙过小,加工精度差,油液太脏等)； (4)双级叶片泵的压力分配阀工作不正常。(间隙过小,加工精度差,油液太脏等)	(1)改进设计,提高卸荷能力； (2)提高加工精度； (3)拆开清洗,修理,重新装配达到性能要求,过滤或更换油液； (4)拆开清洗,修理,重新装配达到性能要求,过滤或更换油液
	泵安装不良	(1)泵轴与电动机轴同轴度差； (2)联轴器安装不良,同轴度差,并有松动	(1)重新安装达到技术要求,同轴度一般应达到0.1mm以内； (2)重新安装达到技术要求,并用顶丝紧固联轴器
泵出油量不足	容积效率低	(1)泵内部滑动零件磨损严重： 1)叶片泵配油盘端面磨损严重； 2)齿轮端面与测板磨损严重； 3)齿轮泵因轴承损坏使泵体孔,磨损严重； 4)柱塞泵柱塞与缸体孔磨损严重； 5)柱塞泵配油盘与缸体端面磨损严重	拆开清洗,修理和更换。 1)研磨配油盘端面； 2)研磨修理工理或更换； 3)更换轴承并修理； 4)更换柱塞并配研到要求间隙,清洗后重新装配； 5)研磨两端面达到要求,清洗后重新装配
		(2)泵装配不良： 1)定子与转子、柱塞与缸体、齿轮与泵体、齿轮与侧板之间的间隙太大； 2)叶片泵、齿轮泵泵盖上螺钉拧紧力矩不匀或有松动； 3)叶片和转子反装	1)重新装配,按技术要求选配间隙； 2)重新拧紧螺钉并达到受力均匀； 3)纠正方向重新装配
		(3)油的黏度过低(如用错油或油温过高)	更换油液,检查油温过高原因,提出降温措施

续表

故障现象	原因分析		消除方法
泵出油量不足	供油量不足	非自吸泵的辅助泵供油量不足或有故障	修理或更换辅助泵
	驱动机构功率过小	(1)电动机输出功率过小： 1)设计不合理； 2)电动机有故障。 (2)机械驱动机构输出功率过小	(1)核算电动机功率，若不足应更换； (2)检查电动机并排除故障； (3)核算驱动功率并更换驱动机构
	泵排量选得过大或压力调得过高	造成驱动机构或电动机功率不足	重新计算匹配压力，流量和功率，使之合理
	油液过脏	个别叶片在转子槽内卡住或伸出困难	过滤或更换油液
	泵装配不良	(1)个别叶片在转子槽内间隙过大，造成高压油向低压腔流动； (2)个别叶片在转子槽内间隙过小，造成卡住或伸出困难； (3)个别柱塞与缸体孔配合间隙过大，造成漏油量大	(1)拆开清洗，修配或更换叶片，合理选配间隙； (2)修配，使叶片运动灵活； (3)修配后使间隙达到要求
	供油量波动	非自吸泵的辅助泵有故障	修理或更换辅助泵
异常发热	装配不良	(1)间隙选配不当(如柱塞与缸体、叶片与转子槽、定子与转子、齿轮与测板等配合间隙过小，造成滑动部件过热烧伤)； (2)装配质量差，传动部分同轴度未达到技术要求，运转时有别劲现象； (3)轴承质量差，或装配时被打坏，或安装时未清洗干净，造成运转时别劲	(1)拆开清洗，测量间隙，重新配研达到规定间隙； (2)拆开清洗，重新装配，达到技术要求； (3)拆开检查，更换轴承，重新装配； 1)安装好回油管； 2)清洗管道； 3)更换管子，减少管头

续表

故障现象		原因分析	消除方法
异常发热	油液质量差	(1)油液的黏-温特性差,黏度变化大; (2)油中含有大量水分造成润滑不良; (3)油液污染严重	(1)按规定选用液压油; (2)更换合格的油液清洗油箱内部; (3)更换油液
	管路故障	(1)泄油管压扁或堵死; (2)泄油管管径太细,不能满足排油要求; (3)吸油管径细,吸油阻力大	(1)清洗更换; (2)更改设计,更换管子; (3)加粗管径、减少弯头、降低吸油阻力
	受外界条件影响	外界热源高,散热条件差	清除外界影响,增设隔热措施
轴封漏油	安装不良	(1)密封件唇口装反。 (2)骨架弹簧脱落。 (3)轴的倒角不适当,密封唇口翻开,使弹簧脱落。 (4)装轴时不小心,使弹簧脱落。 (5)密封唇部粘有异物。 (6)密封唇口通过花键轴时被拉伤。 (7)油封装斜了: 1)沟槽内径尺寸太小; 2)沟槽倒角过小。 (8)装配时造成油封严重变形。 (9)密封唇翻卷。 1)轴倒角太小; 2)轴倒角处太粗糙	(1)拆下重新安装,拆装时不要损坏唇部若有变形或损伤应更换。 (2)按加工图纸要求重新加工。 (3)重新安装。 (4)取下清洗,重新装配。 (5)更换后重新安装: 1)检查沟槽尺寸,按规定重新加工; 2)按规定重新加工。 (6)检查沟槽尺寸及倒角。 (7)检查轴倒角尺寸和粗糙度,可用砂布打磨倒角处,装配时在轴倒角处涂上油脂

续表

故障现象		原因分析	消除方法
轴封漏油	轴和沟槽加工不良	(1)轴加工错误： 1)轴颈不适宜,使油封唇口部位磨损,发热; 2)轴倒角不合要求,使油封口拉伤,弹簧脱落; 3)轴颈外表有车削或磨削痕迹; 4)轴颈表面粗糙使油封唇边磨损加快。 (2)沟槽加工错误： 1)沟槽尺寸过小,使油封装斜; 2)沟槽尺寸过大,油从外周漏出; 3)沟槽表面有划伤或其他缺陷,油从外周漏出	1)检查尺寸,换轴。油封处的公差常用h8; 2)重新加工轴的倒角; 3)重新修磨,消除磨削痕迹; 4)重新加工达到图纸要求; 5)更换泵盖,修配沟槽达到配合要求
	油封本身有缺陷	油封质量不好,不耐油或对液压油相容性差,变质、老化、失效造成漏油	更换相适应的油封橡胶件
	泄油孔被堵	泄油孔被堵后,泄油压力增加,造成密封唇口变形太大,接触面增加,摩擦产生热老化,使油封失效,引起漏油	清洗油孔,更换油封
	外接泄油管径过细或管道过长	泄油困难,泄油压力增加	适当增大管径或缩短泄油管长度
	未接泄油管	泄油管未打开或未接泄油管	打开螺塞接上泄油管

液压马达常见故障及处理　　　表 2.1-18

故障现象		原因分析	消除方法
转速低转矩小	液压泵供油量不足	(1)电动机转速不够； (2)吸油过滤器滤网堵塞； (3)油箱中油量不足或吸油管径过小造成吸油困难； (4)密封不严，不泄漏，空气侵入内部； (5)油的黏度过大； (6)液压泵轴向及径向间隙过大、内泄增大	(1)找出原因，进行调整； (2)清洗或更换滤芯； (3)加足油量，适当加大管径，使吸油通畅； (4)拧紧有关接头，防止泄漏或空气侵入； (5)选择黏度小的油液； (6)适当修复液压泵
	液压泵输出油压不足	(1)液压泵效率太低； (2)溢流阀调整压力不足或发生故障； (3)油管阻力过大(管道过长或过细)； (4)油的黏度较小，内部泄漏较大	(1)检查液压泵故障，并加以排除； (2)检查溢流阀故障，排除后重新调高压力； (3)更换孔径较大的管道或尽量减少长度； (4)检查内泄漏部位的密封情况，更换油液或密封
	液压马达泄漏	(1)液压马达结合面没有拧紧或密封不好，有泄漏； (2)液压马达内部零件磨损，泄漏严重	(1)拧紧接合面检查密封情况或更换密封圈； (2)检查其损伤部位，并修理或更换零件
	失效	配油盘的支承弹簧疲劳，失去作用	检查、更换支承弹簧
泄漏	内部泄漏	(1)配油盘磨损严重； (2)轴向间隙过大； (3)配油盘与缸体端面磨损轴向间隙过大； (4)弹簧疲劳； (5)柱塞与缸体磨损严重	(1)检查配油盘接触面，并加以修复； (2)检查并将轴向间隙调至规定范围； (3)修磨缸体及配油盘端面； (4)更换弹簧； (5)研磨缸体孔、重配柱塞
	外部泄漏	(1)油端密封，磨损； (2)盖板处的密封圈损坏； (3)结合面有污物或螺栓未拧紧； (4)管接头密封不严	(1)更换密封圈并查明磨损原因； (2)更换密封圈； (3)检查、清除并拧紧螺栓； (4)拧紧管接头

续表

故障现象	原因分析	消除方法
噪声	（1）密封不严，有空气侵入内部； （2）液压油被污染，有气泡混入； （3）联轴器不同心； （4）液压油黏度过大； （5）液压马达的径向尺寸严重磨损； （6）叶片已磨损； （7）叶片与定子接触不良，有冲撞现象； （8）定子磨损	（1）检查有关部位的密封，紧固各连接处； （2）更换清洁的液压油； （3）校正同心度； （4）更换黏度较小的油液； （5）修磨缸孔，重配柱塞； （6）尽可能修复或更换； （7）进行修整； （8）进行修复或更换。如因弹簧过硬造成磨损加剧，则应更换刚度较小的弹簧

液压缸常见故障及处理　　　　表 2.1-19

故障现象		原因分析	消除方法
活塞杆不能动作	压力不足	（1）油液未进入液压缸： 1）换向阀未换向； 2）系统未供油； （2）虽有油，但没有压力： 1）系统有故障，主要是泵或溢流阀有故障； 2）内部泄漏严重，活塞与活塞杆松脱，密封件损坏严重。 （3）压力达不到规定值： 1）密封件老化、失效，密封圈唇口装反或有破损； 2）活塞环损坏； 3）系统调定压力过低； 4）压力调节阀有故障； 5）通过调整阀的流量过小，液压缸内泄漏量增大时，流量不足，造成压力不足	（1）： 1）检查换向阀未换向的原因并排除。 2）检查液压泵和主要液压阀的故障原因并排除。 （2）： 1）检查泵或溢流阀的故障原因并排除； 2）紧固活塞与活塞杆并更换密封件。 （3）： 1）更换密封件，并正确安装； 2）更换活塞杆； 3）重新调整压力，直至达到要求值； 4）检查原因并排除； 5）调整阀的通过流量必须大于液压缸内泄漏量

续表

故障现象		原因分析	消除方法
活塞杆不能动作	压力已达到要求但仍不动作	(1)液压缸结构上的问题： 1)活塞端面与缸筒端面紧贴在一起，工作面积不足，故不能启动； 2)具有缓冲装置的缸筒上单向阀回路被活塞堵住。 (2)活塞杆移动"别劲"： 1)缸筒与活塞，导向套与活塞杆配合间隙过小； 2)活塞杆与夹布胶木导向套之间的配合间隙过小； 3)液压缸装配不良(如活塞杆、活塞和缸盖之间同轴度差液压缸与工作台平行度差)	(1)： 1)端面上要加一条通油槽，使工作液体迅速流进活塞的工作端面； 2)缸筒的进出油口位置应与活塞端面错开。 (2)： 1)检查配合间隙，并配研到规定值； 2)检查配合间隙，修刮导向套孔，达到要求的配合间隙； 3)重新装配和安装，不合格零件应更换、检查原因并消除
速度达不到规定值	内泄漏严重	(1)密封件破损严重； (2)油的黏度太低； (3)油温过高	(1)更换密封件； (2)更换适宜黏度的液压油； (3)检查原因并排除
	外载荷过大	(1)设计错误，选用压力过低； (2)工艺和使用错误，造成外载比预定值大	(1)核算后更换元件，调大工作压力； (2)按设备规定值使用
	活塞移动时"别劲"	(1)加工精度差，缸筒孔锥度和圆度超差； (2)装配质量差； 1)活塞、活塞杆与缸盖之间同轴度差； 2)液压缸与工作台平行度差； 3)活塞杆与导向套配合间隙过小	(1)检查零件尺寸，更换无法修复的零件。 (2)： 1)按照要求重新装配； 2)按照要求重新装配； 3)检查配合间隙，修刮导向套孔，达到要求的配合间隙
	脏物进入滑动部位	(1)油液过脏； (2)防尘圈破损； (3)装配时未清洗干净或带入脏物	(1)过滤或更换油液； (2)更换防尘圈； (3)拆开清洗，装配时要注意清洁

续表

故障现象		原因分析	消除方法
速度达不到规定值	活塞在端部行程时速度急剧下降	(1)缓冲调节阀的节流口调节过小,在进入缓冲行程时,活塞可能停止或速度急剧下降; (2)固定式缓冲装置中节流孔直径过小; (3)缸盖上固定式缓冲节流环与缓冲柱塞之间间隙过小	(1)缓冲节流阀的开口度要调节适宜,并能起到缓冲作用; (2)适当加大节流孔直径; (3)适当加大间隙
	活塞移动到中途发现速度变慢或停止	(1)缸筒内径加工精度差,表面粗糙,使内泄量增大; (2)缸壁胀大,当活塞通过增大部位时,内泄漏量增大	(1)修复或更换缸筒; (2)更换缸筒
	缸内进入空气	(1)新液压缸,修理后的液压缸或设备停机时间过长的缸,缸内有气或液压缸管道中排气未排净; (2)缸内部形成负压,从外部吸入空气; (3)从缸到换向阀之间管道的容积比液压缸内容积大得多,液压缸工作时,这段管道上油液未排出,所以空气也很难排净	(1)空载大行程往复运动,直到把空气排完; (2)先用油脂封住结合面和接头处,若吸空气情况有好转,则把紧固螺钉和接头拧紧; (3)可在靠近液压缸的管道中取高处加排气阀。拧开排气阀,活塞在全行程情况下运动多次,把气排完后再把排气阀关闭
缓冲装置故障	缓冲作用过度	(1)缓冲调节阀的节流口开口过小; (2)缓冲柱塞"别劲"(如柱塞头与缓冲环间隙太小,活塞倾斜或偏心); (3)在柱塞头与缓冲环之间有脏物; (4)固定式缓冲装置柱塞头与衬套之间间隙太小	(1)将节流口调节到合适位置并紧固; (2)拆开清洗适当加大间隙,不合格的零件应更换; (3)修去毛刺和清洗干净; (4)适当加大间隙

续表

故障现象		原因分析	消除方法
缓冲装置故障	缓冲作用失灵	(1)缓冲调节阀处于全开状态；(2)惯性能量过大；(3)缓冲调节阀不能调节；(4)单向阀处于全开状态或单向阀阀座封闭不严；(5)活塞上密封件破损,当缓冲腔压力升高时,工作液体从此腔向工作压力一侧倒流,故活塞不减速；(6)柱塞头或衬套内表面上有伤痕；(7)镶在缸盖上的缓冲环脱落；(8)缓冲柱塞锥面长度和角度不适宜	(1)调节到合适位置并紧固；(2)应设计合适的缓冲机构；(3)修复或更换；(4)检查尺寸,更换锥阀芯或钢球,更换弹簧,并配研修复；(5)更换密封件；(6)修复或更换；(7)更换新缓冲环；(8)修正
	缓冲行程段出现"爬行"	(1)加工不良,如缸盖、活塞端面的垂直度不合要求,在全长上活塞与缸筒间隙不匀,缸盖与缸筒不同心。缸筒内径与缸盖中心线偏差大,活塞与螺母端面垂直度不合要求造成活塞杆挠曲等；(2)装配不良,如缓冲柱塞与缓冲环相配合的孔有偏心或倾斜等	(1)对每个零件均仔细检查,不合格的零件不准使用；(2)重新装配确保质量
有外泄漏	装配不良	(1)液压缸装配时端盖装偏,活塞杆与缸筒不同心,使活塞杆伸出困难,加速密封件磨损；(2)液压缸与工作台导轨面平行度差,使活塞伸出困难,加速密封件磨损；(3)密封件安装差错,如密封件划伤、切断,密封唇装反,唇口破损或轴倒角尺寸不对,密封件装错或漏装	(1)拆开检查,重新装配；(2)拆开检查,重新安装,并更换密封件；(3)更换并重新安装密封件；1)重新安装；2)重新安装,拧紧螺钉,使其受力均匀；3)按螺孔深度合理选配螺钉长度

续表

故障现象		原因分析	消除方法
有外泄漏	密封件质量问题	(1)保管期太长,密封件自然老化失效; (2)保管不良,变形或损坏; (3)胶料性能差,不耐油或胶料与油液相容性差; (4)制品质量差,尺寸不对,公差不符合要求	更换
	活塞杆和沟槽加工质量差	(1)活塞杆表面粗糙,活塞杆头部倒角不符合要求或未倒角。 (2)沟槽尺寸及精度不符合要求: 1)设计图纸有错误; 2)沟槽尺寸加工不符合标准; 3)沟槽精度差,毛刺多	(1)表面粗糙度应为$Ra0.2\mu m$并按要求倒角。 (2): 1)按有关标准设计沟槽; 2)检查尺寸,并修正到要求尺寸; 3)修正并去毛刺
	油的黏度过低	(1)用错了油品; (2)油液中渗有其他牌号的油液	更换适宜的油液
	油温过高	(1)液压缸进油口阻力太大; (2)周围环境温度太高; (3)泵或冷却器等有故障	(1)检查进油口是否畅通; (2)采取隔热措施; (3)检查原因并排除
	高频振动	(1)紧固螺钉松动; (2)管接头松动; (3)安装位置产生移动	(1)应定期紧固螺钉; (2)应定期紧固接头; (3)应定期紧固安装螺钉
	活塞杆拉伤	(1)防尘圈老化、失效侵入砂粒切屑等脏物; (2)导向套与活塞杆之间的配合太紧,使活动表面产生过热,造成活塞杆表面铬层脱落而拉伤	(1)清洗更换防尘圈,修复活塞杆表面拉伤处; (2)检查清洗,用刮刀修刮导向套内径,达到配合间隙

溢流阀常见故障及处理　　　　表 2.1-20

故障现象		原因分析	消除方法
调不上压力	主阀故障	(1)主阀芯阻尼孔堵塞(装配时主阀芯未清洗干净,油液过脏); (2)主阀芯在开启位置卡死(如零件精度低,装配质量差,油液过脏); (3)主阀芯复位弹簧折断或弯曲,使主阀芯不能复位	(1)清洗阻尼孔使之畅通;过滤或更换油液; (2)拆开检修,重新装配;阀盖紧固螺钉拧紧力要均匀;过滤或更换油液; (3)更换弹簧
	先导阀故障	(1)调压弹簧折断; (2)调压弹簧未装; (3)锥阀或钢球未装; (4)锥阀损坏	(1)更换弹簧; (2)补装; (3)补装; (4)更换
	远控口电磁阀故障或远控口未加丝堵而直通油箱	(1)电磁阀未通电(常开); (2)滑阀卡死; (3)电磁铁线圈烧毁或铁芯卡死; (4)电气线路故障	(1)检查电气线路接通电源; (2)检修、更换; (3)更换; (4)检修
	装错	进出油口安装错误	纠正
	液压泵故障	(1)滑动副之间间隙过大(如齿轮泵、柱塞泵); (2)叶片泵的多数叶片在转子槽内卡死; (3)叶片和转子方向装反	(1)修配间隙到适宜值; (2)清洗,修配间隙达到适宜值; (3)纠正方向
压力调不高	主阀故障(若主阀为锥阀)	(1)主阀芯锥面封闭性差: 1)主阀芯锥面磨损或不圆; 2)阀座锥面磨损或不圆; 3)锥面处有脏物黏住; 4)主阀芯锥面与阀座锥面不同心; 5)主阀芯工作有卡滞现象,阀芯不能与阀座严密结合。 (2)主阀压盖处有泄漏(如密封垫损坏,装配不良,压盖螺钉有松动等)	(1)更换、清洗并配研: 1)更换并配研; 2)更换并配研; 3)清洗并配研; 4)修配使之结合良好; 5)修配使之结合良好。 (2)拆开检修,更换密封垫重新装配,并确保螺钉拧紧力均匀

续表

故障现象		原因分析	消除方法
压力调不高	先导阀故障	(1)调压弹簧弯曲,或太弱,或长度过短; (2)锥阀与阀座结合处封闭性差(如锥阀与阀座磨损,锥阀接触面不圆,接触面太宽进入脏物或被胶质粘住)	(1)更换弹簧; (2)检修更换清洗,使之达到要求
压力突然升高	主阀故障	主阀芯工作不灵敏,在关闭状态突然卡死(如零件加工精度低,装配质量差,油液过脏等)	检修,更换零件,过滤或更换油液
	先导阀故障	(1)先导阀阀芯与阀座结合面突然粘住,脱不开; (2)调压弹簧弯曲造成卡滞	(1)清洗修配或更换油液; (2)更换弹簧
压力突然下降	主阀故障	(1)主阀芯阻尼孔突然被堵死; (2)主阀芯工作不灵敏,在关闭状态突然卡死(如零件加工精度低,装配质量差,油液过脏等); (3)主阀盖处密封垫突然破损	(1)清洗,过滤或更换油液; (2)检修更换零件,过滤或更换油液; (3)更换密封件
	先导阀故障	(1)先导阀阀芯突然破裂; (2)调压弹簧突然折断	(1)更换阀芯; (2)更换弹簧
	远腔口电磁阀故障	电磁铁突然断电,使溢流阀卸荷	检查电气故障并消除
压力波动(不稳定)	主阀故障	(1)主阀芯动作不灵活,有时有卡住现象; (2)主阀芯阻尼孔有时堵有时通; (3)主阀锥面与阀座锥面接触不良,磨损不均匀; (4)阻尼孔径太大,造成阻尼作用差	(1)检修更换零件,压盖螺钉拧紧力应均匀; (2)拆开清洗,检查油质,更换油液; (3)修配或更换零件; (4)适当缩小阻尼孔径
	先导阀故障	(1)调压弹簧弯曲; (2)锥阀与锥阀座接触不良,磨损不均匀; (3)调节压力的螺钉由于锁紧螺母松动而使压力变动	(1)更换弹簧; (2)修配或更换零件; (3)调压后应把锁紧螺母锁紧

2 岗位基础知识

续表

故障现象		原因分析	消除方法
振动与噪声	主阀故障	主阀芯在工作时径向力不平衡,导致性能不稳定: (1)阀体与主阀芯几何精度差,棱边有毛刺; (2)阀体内粘附有污物,使配合间隙增大或不均匀	(1)检查零件精度,对不符合要求的零件应更换,并把棱边毛刺去掉; (2)检查更换零件
	先导阀故障	(1)锥阀与阀座接触不良,圆周面的圆度不好,粗糙度数值大,造成调压弹簧受力不平衡,使锥阀振荡加剧,产生尖叫声; (2)调压弹簧轴心线与端面不够垂直,这样针阀会倾斜,造成接触不均匀; (3)调压弹簧在定位杆上偏向一侧; (4)装配时阀座装偏; (5)调压弹簧侧向弯曲	(1)把封油面圆度误差控制在 0.005~0.01mm 以内; (2)提高锥阀精度,粗糙度应达 $Ra0.4\mu m$; (3)更换弹簧; (4)提高装配质量; (5)更换弹簧
	系统存在空气	泵吸入空气或系统存在空气	排除空气
	阀使用不当	通过流量超过允许值	在额定流量范围内使用
	回油不畅	回油管路阻力过高或回油过滤器堵塞或回油管贴近油箱底面	适当增大管径,减少弯头,回油管口应离油箱底面2倍管径以上,更换滤芯
	远控口管径选择不当	溢流阀远控口至电磁阀之间的管子通径不宜过大,过大会引起振动	一般管径取 6mm 较适宜

减压阀常见故障及处理

表 2.1-21

故障现象		原因分析	消除方法
无二次压力	主阀故障	主阀芯在全闭位置卡死(如零件加工精度低);主阀弹簧折断,弯曲变形;阻尼孔堵塞	修理、更换零件和弹簧,过滤或更换油液
	无油源	未向减压阀供油	检查油路消除故障
不起减压作用	使用错误	泄油口不通: (1)旋塞未拧开; (2)泄油管细长,弯头多,阻力太大; (3)泄油管与主回油管道相连,回油背压太大; (4)泄油通道堵塞、不通	1)将旋塞拧开; 2)更换符合要求的管子; 3)泄油管必须与回油管道分开,单独流回油箱; 4)清洗泄油通道
	主阀故障	主阀芯在全开位置时卡死(如零件精度低,油液过脏等)	修理、更换零件,检查油质,更换油液
	锥阀故障	调压弹簧太硬,弯曲并卡住不动	更换弹簧
二次压力不稳定	主阀故障	(1)主阀芯与阀体几何精度差,工作时不灵敏; (2)主阀弹簧太弱,变形或将主阀芯卡住,使阀芯移动困难; (3)阻尼小孔时堵时通	(1)检修,使其动作灵活; (2)更换弹簧; (3)清洗阻尼小孔
二次压力升不高	外泄漏	(1)顶盖结合面漏油,其原因如:密封件老化失效、螺钉松动或拧紧力矩不均; (2)各线堵处有漏油	(1)更换密封件,紧固螺钉并保证力矩均匀; (2)紧固并消除外漏
	锥阀故障	(1)锥阀与阀座接触不良; (2)调压弹簧太弱	(1)修理或更换; (2)更换

顺序阀常见故障及处理　　　　　表 2.1-22

故障现象	原因分析	消除方法
始终出油,不起顺序阀作用	(1)阀芯在打开位置上卡死(如几何精度差,间隙太小;弹簧弯曲、断裂;油液太脏); (2)单向阀在打开位置上卡死(如几何精度差,间隙太小;弹簧弯曲、断裂;油液太脏); (3)单向阀密封不良(如几何度差); (4)调压弹簧断裂; (5)调压弹簧漏装; (6)未装锥阀或钢球	(1)修理,使配合间隙达到要求,并使阀芯移动灵活;检查油质,若不符合要求应过滤或更换;更换弹簧; (2)修理,使配合间隙达到要求,并使单向阀芯移动灵活;检查油质,若不符合要求,应过滤或更换;更换弹簧; (3)修理,使单向阀的密封良好; (4)更换弹簧; (5)补装弹簧; (6)补装
始终不出油,不起顺序阀作用	(1)阀芯在关闭位置上卡死(如几何精度差;弹簧弯曲;油脏); (2)控制油液流动不畅通(如阻尼小孔堵死,或远控管道被压扁堵死); (3)远控压力不足,或下端盖结合处漏油严重; (4)通向调压阀油路上的阻尼孔被堵死; (5)泄油管道中背压太高,使滑阀不能移动; (6)调节弹簧太硬,或压力调得太高	(1)修理,修滑阀移动灵活,更换弹簧;过滤或更换油液; (2)清洗或更换管道,过滤或更换油液; (3)提高控制压力,拧紧端盖螺钉并使之受力均匀; (4)清洗; (5)泄油管道不能接在回油管道上,应单独接回油箱; (6)更换弹簧,适当调整压力
调定压力值不符合要求	(1)调压弹簧调整不当; (2)调压弹簧侧向变形,最高压力调不上去; (3)滑阀卡死,移动困难	(1)重新调整所需要的压力; (2)更换弹簧; (3)检查滑阀的配合间隙,修配,使滑阀移动灵活;过滤或更换油液
振动与噪声	(1)回油阻力(背压)太高; (2)油温过高	(1)降低回油阻力; (2)控制油温在规定范围内
单向顺序阀反向不能回油	单向阀卡死打不开	检修单向阀

流量阀常见故障及处理　　　　　表 2.1-23

故障现象		原因分析	消除方法
调整节流阀手柄无流量变化	压力补偿阀不动作	压力补偿阀芯在关闭位置上卡死： (1)阀芯与阀套几何精度差间隙太小； (2)弹簧侧向弯曲、变形而使阀芯卡住； (3)弹簧太弱	(1)检查精度，修配间隙达到要求，移动灵活； (2)更换弹簧； (3)更换弹簧
	节流阀故障	(1)油液过脏，使节流口堵死； (2)手柄与节流阀芯装配位置不合适； (3)节流阀芯上连接失落或未装键； (4)节流阀芯因配合间隙过小或变形而卡死； (5)调节杆螺纹被脏物堵住造成调节不良	(1)检查油质,过滤油液； (2)检查原因，重新装配； (3)更换键或补装键； (4)清洗，修配间隙或更换零件； (5)拆开清洗
	系统未供油	换向阀阀芯未换向	检查原因并消除
执行元件运动速度不稳定（流量不稳定）	压力补偿阀故障	(1)压力补偿阀阀芯工作不灵敏： 1)阀芯有卡死现象； 2)补偿阀的阻尼小孔堵时通； 3)弹簧侧向弯曲、变形，或弹簧端面与弹簧线不垂直。 (2)压力补偿阀阀芯在全开位置上卡死： 1)补偿阀阻尼小孔堵死； 2)阀芯与阀套几何精度差配合间隙小； 3)弹簧侧向弯曲、弯形而使阀芯卡住	(1)： 1)修配，达到移动灵活； 2)清洗阻尼孔,若油液过脏应更换； 3)更换弹簧。 (2)： 1)清洗阻尼孔,若油液过脏应更换； 2)修理达到移动灵活； 3)更换弹簧
	节流阀故障	(1)节流口处积有污物,造成时堵时通； (2)简式节流阀外载荷变化会引起流量变化	(1)拆开清洗，检查油质，若油质不合格，应更换； (2)对外载荷变化大的或要求执行元件运动速度非常平稳的系统,应改用调速阀

续表

故障现象		原因分析	消除方法
执行元件运动速度不稳定（流量不稳定）	油液品质劣化	(1)油温过高,造成通过节流口变化； (2)带有温度补偿的流量控制阀的补偿杆敏感性差,已损坏； (3)油液过脏,堵死节流口或阻尼孔	(1)检查温升原因,降低油温,并控制在要求范围内； (2)选用对温度敏感性强的材料做补偿杆,坏的应更换； (3)清洗,检查油质,不合格的应更换
	单向阀故障	在带单向阀的流量控制阀中,单向阀的密封性不好	研磨单向阀,提高密封性
	管路振动	(1)系统中有空气； (2)由于管路振动使调定的位置发生变化	(1)应将空气排净； (2)调整后用锁紧装置锁住
	泄漏	内泄和外泄使流量不稳定,造成执行元件工作速度不均匀	消除泄漏,或更换元件

电（液、磁）换向阀常见故障及处理　　　表 2.1-24

故障现象		原因分析	消除方法
主阀芯不运动	电磁铁故障	(1)电磁铁线圈烧坏； (2)电磁铁推动力不足或漏磁； (3)电气线路出故障； (4)电磁铁未加上控制信号； (5)电磁铁铁芯卡死	(1)检查原因,进行修理或更换； (2)检查原因,进行修理或更换； (3)消除故障； (4)检查后加上控制信号； (5)检查或更换
	先导电磁阀故障	(1)阀芯与阀体孔卡死（如零件几何精度差；阀芯阀孔配合过紧；油液过脏）； (2)弹簧侧弯,使滑阀卡死	(1)修理配合间隙达到要求,使阀芯移动灵活；过滤或更换油液； (2)更换弹簧
	主阀芯卡死	(1)阀芯与阀体几何精度差； (2)阀芯与阀孔配合太紧； (3)阀芯表面有毛刺	(1)修理配合间隙达到要求； (2)修理配研间隙达到要求； (3)去毛刺,冲洗干净

续表

故障现象		原因分析	消除方法
主阀芯不运动	液控油路故障	(1)控制油路无油: 1)控制油路电磁阀未换向; 2)控制油路被堵塞。 (2)控制油路压力不足: 1)阀端盖处漏油; 2)滑阀排油腔一侧节流阀调节得过小或被堵死	(1): 1)检查原因并消除; 2)检查清洗,并使控制油路畅通。 (2): 1)拧紧端盖螺钉; 2)清洗节流阀并调整适宜
	油液变质或油温过高	(1)油液过脏,使阀芯卡死; (2)油温过高,使零件产生热变形,而产生卡死现象; (3)油温过高,油液中产生胶质,粘住阀芯而卡死; (4)油液黏度太高,使阀芯移动困难而卡住	(1)过滤或更换; (2)检查油温过高原因并消除; (3)清洗、消除油温过高; (4)更换适宜的油液
	安装不良	阀体变形 (1)安装螺钉拧紧力矩不均匀; (2)阀体上连接的管子别劲	(1)重新紧固螺钉,并使之受力均匀; (2)重新安装
	复位弹簧不符合要求	(1)弹簧力过大; (2)弹簧侧弯变形,致使阀芯卡死; (3)弹簧断裂不能复位	更换适宜的弹簧
阀芯换向后通过的流量不足	阀开口量不足	(1)电磁阀中推杆过短; (2)阀芯与阀体几何精度差,间隙小,移动时有卡死现象,故不到位; (3)弹簧太弱,推力不足,使阀芯行程不到位	(1)更换适宜长度的推杆; (2)配研达到要求; (3)更换适宜的弹簧
压力降过大	阀参数选择不当	实际通过流量大于额定流量	应在额定范围内使用
液控换向阀阀芯换向速度不易调节	可调装置故障	(1)单向阀封闭性差; (2)节流阀加工精度差,不能调节最小流量; (3)排油腔阀盖处漏油; (4)针形节流阀调节性能差	(1)修理或更换; (2)修理或更换; (3)更换密封件,拧紧螺钉; (4)改用三角槽节流阀

续表

故障现象		原因分析	消除方法
电磁铁过热或线圈烧坏	电磁铁故障	(1)线圈绝缘不好； (2)电磁铁铁芯不合适,吸不住； (3)电压太低或不稳定	(1)更换； (2)更换； (3)电压的变化值应在额定电压的10%以内
	负荷变化	(1)换向压力超过规定； (2)换向流量超过规定； (3)回油口背压过高	(1)降低压力； (2)更换规格合适的电液换向阀； (3)调整背压使其在规定值内
	装配不良	电磁铁铁芯与阀芯轴线同轴度不良	重新装配,保证有良好的同轴度
电磁铁吸力不够	装配不良	(1)推杆过长； (2)电磁铁铁芯接触面不平或接触不良	(1)修磨推杆到适宜长度； (2)消除故障,重新装配达到要求
冲击与振动	换向冲击	(1)大通径电磁换向阀,因电磁铁规格大,吸合速度快而产生冲击； (2)液动换向阀,因控制流量过大,阀芯移动速度太快而产生冲击； (3)单向节流阀中的单向阀钢球漏装或钢球破碎,不起阻尼作用	(1)需要采用大通径换向阀时,应优先选用电液动换向阀； (2)调小节流阀节口减慢阀芯移动速度； (3)检修单向节流阀
	振动	固定电磁铁的螺钉松动	紧固螺钉,并加防松垫圈

多路换向阀常见故障及处理　　　表 2.1-25

故障现象	原因分析	消除方法
压力波动及噪声	溢流阀弹簧侧弯或太软 溢流阀阻尼孔堵塞 单向阀关闭不严 锥阀与阀座接触不良	更换弹簧 清洗,使通道畅通 修复或更换 调整或更换
阀杆动作不灵活	复位弹簧和限位弹簧损坏 轴用弹性挡圈损坏 防尘密封圈过紧	更换损坏的弹簧 更换弹性挡圈 更换防尘密封圈
泄漏	锥阀与阀座接触不良 双头螺钉未紧固	调整或更换 按规定紧固

液控单向阀常见故障及处理   表 2.1-26

故障现象	原因分析		消除方法
反方向不密封有泄漏	单向阀不密封	(1)单向阀在全开位置上卡死： 1)阀芯与阀孔配合过紧； 2)弹簧侧弯、变形、太弱。 (2)单向阀锥面与阀座锥面接触不均匀： 1)阀芯锥面与阀座同轴度差； 2)阀芯外径与锥面不同心； 3)阀座外径与锥面不同心； 4)油液过脏	(1)： 1)修配，使阀芯移动灵活； 2)更换弹簧。 (2)： 1)检修或更换； 2)检修或更换； 3)检修或更换； 4)过滤油液或更换
反向打不开	单向阀打不开	(1)控制压力过低； (2)控制管路接头漏油严重或管路弯曲、被压扁使油不畅通； (3)控制阀芯卡死(如加工精度低，油液过脏)； (4)控制阀端盖处漏油； (5)单向阀卡死(如弹簧弯曲；单向阀加工精度低；油液过脏)	(1)提高控制压力，使之达到要求值； (2)紧固接头，消除漏油或更换管子； (3)清洗、修配，使阀芯移动灵活； (4)紧固端盖螺钉，并保证紧力矩均匀； (5)清洗、修配，使阀芯移动灵活；更换弹簧；过滤或更换油液

压力继电器（压力开关）常见故障及处理   表 2.1-27

故障现象	原因分析	消除方法
无输出信号	(1)微动开关损坏； (2)电气线路故障； (3)阀芯卡死或阻尼孔堵死； (4)进油管路弯曲、变形，使油液流动不畅通； (5)调节弹簧太硬或压力调得过高； (6)与微动开关相接的触头未调整； (7)弹簧和顶杆装配不良，有卡滞现象	(1)更换微动开关； (2)检查原因，排除故障； (3)清洗、修配，达到要求； (4)更换管子，使油液流动畅通； (5)更换适宜的弹簧或按要求调节压力值； (6)精心调整，使接头接触良好； (7)重新装配，使动作灵敏

续表

故障现象	原因分析	消除方法
灵敏度太差	(1)顶杆柱销处摩擦力过大，或钢球与柱塞接触处摩擦力过大； (2)装配不良，动作不灵活或"别劲"； (3)微动开关接触行程太长； (4)调整螺钉、顶杆等调节不当； (5)钢球不圆； (6)阀芯移动不灵活； (7)安装不当，如不平和倾斜安装	(1)重新装配，使动作灵敏； (2)重新装配，使动作灵敏； (3)合理调整位置； (4)合理调整螺钉和顶杆位置； (5)更换钢球； (6)清洗、修理，达到灵活； (7)改为垂直或水平安装
发信号太快	(1)进油口阻尼孔大； (2)膜片碎裂； (3)系统冲击压力太大； (4)电气系统设计有误	(1)阻尼孔适当改小，或在控制管路上增设阻尼管(蛇形管)； (2)更换膜片； (3)在控制管路上增设阻尼管以减弱冲击压力； (4)按工艺要求设计电气系统

(2) 液压控制系统的安装、调试和故障处理要点

液压控制系统的安装、调试：

液压控制系统与液压传动系统的区别在于前者要求其液压执行机构的运动能够高精度地跟踪随机的控制信号的变化。液压控制系统多为闭环控制系统，因而，就有系统稳定性、响应和精度的需要。为此，需要有机械-液压-电气一体化的电液伺服阀、伺服放大器、传感器，高清洁度的油和相应的管路布置。液压控制系统的安装、调试要点如下：

① 油箱内壁材料或涂料不应成为油液的污染源，液压控制系统的油箱材料最好采用不锈钢。

② 采用高精度的过滤器，根据电液伺服阀对过滤精度的要求，一般为 $5\sim10\mu m$。

③ 油箱及管路系统经过一般性的酸洗等处理过程后，注入

低黏度的液压油，进行无负荷循环冲洗。

循环冲洗须注意以下几点：

　　a. 冲洗前安装伺服阀的位置应用短路通道板代替；

　　b. 冲洗过程中过滤器阻塞较快，应及时检查和更换；

　　c. 冲洗过程中定时提取油样，用污染测定仪器进行污染测定并记录，直至冲洗合格为止。

　　d. 冲洗合格后放出全部清洗油，通过精密过滤器向油箱注入合格的液压油。

④ 为了保证液压控制系统在运行过程中有更好的净化功能，最好增设低压自循环清洗回路。

⑤ 电液伺服阀的安装位置尽可能靠近液压执行元件，伺服阀与执行元件之间尽可能少用软管，这些都是为了提高系统的频率响应。

⑥ 电液伺服阀是机械、液压和电气一体化的精密产品，安装、调试前必须具备有关的基本知识，特别是要详细阅读、理解产品样本和说明书。

注意以下几点：

　　a. 安装的伺服阀的型号与设计要求是否相符，出厂时的伺服阀动、静态性能测试资料是否完整；

　　b. 伺服放大器的型号和技术数据是否符合设计要求，其可调节的参数要与所使用的伺服阀匹配；

　　c. 检查电液伺服阀的控制线圈连接方式，串联、并联或差动连接方式，哪一种符合设计要求；

　　d. 反馈传感器（如位移，力，速度等传感器）的型号和连接方式是否符合设计需要，特别要注意传感器的精度，它直接影响系统的控制精度；

　　e. 检查液压油压力和稳定性是否符合设计要求，如果系统有蓄能器，需检查充气压力。

⑦ 液压控制系统采用的液压缸应是低摩擦力液压缸，安装前应测定其最低启动压力，作为日后检查液压缸的根据。

⑧ 液压控制系统正式运行前应仔细排除气体，否则对系统的稳定性和刚度都有较大的影响。

⑨ 液压控制系统正式使用前应进行系统调试，可按以下几点进行：

a. 零位调整，包括伺服阀的调零及伺服放大器的调零，为了调整系统零位，有时加入偏置电压；

b. 系统静态测试，测定被控参数与指令信号的静态关系，调整合理的放大倍数，通常放大倍数愈大静态误差愈小，控制精度愈高，但容易造成系统不稳定；

c. 系统的动态测试，采用动态测试仪器，通常需测出系统稳定性、频率响应及误差，确定是否能满足设计要求。系统动、静态测试记录可作为日后系统运行状况评估的根据。

⑩ 液压控制系统投入运行后应定期检查以下记录数据：油温，油压，油液污染程度；运行稳定情况，执行机构的零偏情况，执行元件对信号的跟踪情况。

液压控制系统的故障处理见表 2.1-28。

液压控制系统的故障处理　　　　　　　表 2.1-28

液压控制系统的故障现象	故障排除方法
控制信号输入系统后执行元件不动作	（1）检查系统油压是否正常，判断液压泵、溢流阀工作情况； （2）检查执行元件是否有卡锁现象； （3）检查伺服放大器的输入、输出电信号是否正常，判断其工作情况； （4）检查电液伺服阀的电信号有输入和有变化时，液压输出是否正常，用以判断电液伺服阀是否正常。伺服阀故障一般应由生产厂家处理
控制信号输入系统后执行元件向某一方向运动到底	（1）检查传感器是否接入系统； （2）检查传感器的输出信号与伺服放大器是否误接成正反馈； （3）检查伺服阀可能出现的内部反馈故障
执行元件零位不准确	（1）检查伺服阀的调零偏置信号是否调节正常； （2）检查伺服阀调零是否正常； （3）检查伺服阀的颤振信号是否调节正常

续表

液压控制系统的故障现象	故障排除方法
执行元件出现振荡	(1)检查伺服放大器的放大倍数是否调得过高; (2)检查传感器的输出信号是否正常; (3)检查系统油压是否太高
执行元件跟不上输入信号的变化	(1)检查伺服放大器的放大倍数是否调得过低; (2)检查系统油压是否太低; (3)检查执行元件和运动机构之间游隙太大
执行机构出现爬行现象	(1)油路中气体没有排尽; (2)运动部件的摩擦力过大; (3)油源压力不够

2.1.4 电工基础

本节将介绍电路和电路模型的概念、理想电路元件及其伏安特性、电路中的基本物理量和基本定律。着重讨论电流和电压的参考方向、基尔霍夫定律及电路等效原理等。通过本章内容的学习可了解和掌握电路中的基本概念和定律,为后续分析复杂电路打下一个基础。

1. 电路和电路模型

(1) 实际电路及其基本功能

人们在生产和生活中使用的电器设备,如:电动机、电视机、计算机等都由实际电路构成。实际电路的结构组成包括:电源、负载和中间环节。其中电源的作用是为电路提供能量,如发电机利用机械能或核能转化为电能,蓄电池利用化学能转化为电能,光电池利用光能转化为电能等;负载则将电能转化为其他形式的能量加以利用,如电动机将电能转化为机械能,电炉将电能转化为热能等;中间环节用作电源和负载的连接体,包括导线、开关、控制线路中的保护设备等。

在电力系统、电子通信、自动控制、计算机以及其他各类系统中,电路有着不同的功能和作用。电路的作用可以概括为以下两个方面:一是实现电能的传输和转换,将电能转化为光能和热能等,二是实现信号的传递和处理。

(2) 理想电路元件和电路模型

实际电路由各种作用不同的电路元件或器件所组成。实际电路元件种类繁多，且电磁性质较为复杂。为便于对实际电路进行分析和数学描述，需将实际电路元件用能够代表其主要电磁特性的理想电路元件或它们的组合来表示。理想电路元件是指只反映某一个物理过程的电路元件，包括电阻、电感、电容、电源等。如图 2.1-10 是电工技术中经常用到的三种理想电路元件的电路符号。

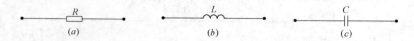

图 2.1-10　三种理想电路元件的电路符号

(a) 电阻元件 R；(b) 电感元件 L；(c) 电容元件 C

由理想元件所组成的电路称为实际电路的电路模型，如图 2.1-11 中的白炽灯照明电路的电路模型。

2. 电路的基本物理量

在分析各种电路之前，我们先来介绍电路中的基本物理量包括电流、电压和功率及其相关的概念。

(1) 电流及其参考方向

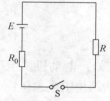

图 2.1-11　白炽灯照明电路

电荷的定向移动形成电流。在电场的作用下，正电荷与负电荷向不同的方向移动，习惯上规定正电荷的移动方向为电流的方向（事实上，金属导体内的电流是由带负电的电子的定向移动产生的）。

电流的参考方向：是一种任意的选定的方向，当 $i>0$ 时参考方向与实际方向一致，当 $i<0$ 时参考方向与实际方向相反（图 2.1-12）。

图 2.1-12　电流的参考方向

图 2.1-13（a）中参考方向下，通过元件 A 的电流为 3A，说明实际电流的大小为 3A，方向（如虚箭头所示）与参考方向相同。图 2.1-13（b）中参考方向下，通过元件 B 的电流为 2A，说明实际电流的大小为 2A，方向与参考方向相反。

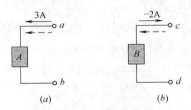

图 2.1-13　参考方向下的电流
（a）电流为正值；（b）电流为负值

（2）电压及其参考方向

电压也称电位差（或电势差），定义为电场力将单位正电荷由点 a 移动到点 b 所做的功，如图 2.1-14。电路中 a、b 两点间的电压用 u_{ab} 表示，即：

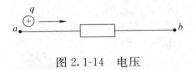

图 2.1-14　电压

电压的参考方向：是一种任意的选定的方向，当 $u>0$ 时参考方向与实际方向一致，当 $u<0$ 时参考方向与实际方向相反。

图 2.1-15（a）中参考方向下，元件 A 两端的电压为 5V，表示元件 A 两端实际电压的大小为 5V，方向由 a 到 b，与参考方向相同。图 2.1-15（b）中参考方向下，元件 B 两端的电压为 -6V，表示元件 B 两端实际电压的大小为

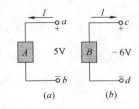

图 2.1-15　参考方向下的电压
（a）关联方向；（b）非关联方向

6V，方向由 d 到 c，与参考方向相反。

如果不特别指出，书中电路图上所标明的电流和电压方向都为参考方向。当电流、电压的参考方向一致时，称为关联方向，见图 2.1-15（a）；否则为非关联方向，见图 2.1-15（a）。

3. 电压源和电流源

独立电源指电源输出的电压（电流）仅由独立电源本身性质决定与电路中其余部分的电压（电流）无关。

分类 $\begin{cases} 电压源 \\ 电流源 \end{cases}$

（1）电压源

1）理想电压源：若一个二端元件输出电压恒定则称为理想电压源。

① 电路符号（图 2.1-16）

② 基本性质

输出电压恒定，和外电路无关；

其流过的电流由外电路决定

$$I = \frac{U}{R} = \frac{U_S}{R}$$

③ 伏安曲线（图 2.1-17）

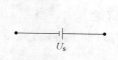

图 2.1-16　电压源电路符号

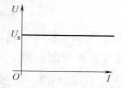

图 2.1-17　电压源伏安曲线

2）实际电压源

若一个二端元件所输出的电压随流过它的电流而变化就称为实际电压源。

① 电路模型（图 2.1-18）

② 伏安特性（图 2.1-19）

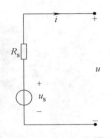
图 2.1-18　电路模型

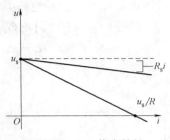
图 2.1-19　伏安特性

$$u = iR_s + u_s$$

③ 三种工作状态
a. 加载　$u = u_s - R_s i$
b. 开路　$i = 0$　$u_{oc} = u_s$　（u_{oc}开路电压）
c. 短路　$u = 0$　$i_{sc} = u_s/R$　（i_{sc}短路电流）

(2) 电流源
1) 理想电流源
若一个二端元件的输出电流恒定时，则称为理想电流源。
① 电路符号（图 2.1-20）

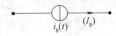

图 2.1-20　电流源电路符号

② 基本性质
a. 输出电流恒定和外电路无关
$$U = RI = RI_s$$
b. 其端电压由外电路确定
③ 伏安曲线（图 2.1-21）
2) 实际电流源
若一个二端元件所输出的电流随其端电压变化而变化称为实际电流源。

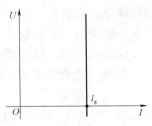

图 2.1-21　电流源伏安曲线

① 电路模型（2.1-22）
② 伏安特性（图2.1-23）

$$i = i_s - u_s/R_s = i_s - G_s u$$

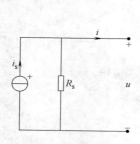

图2.1-22　电流源电路模型

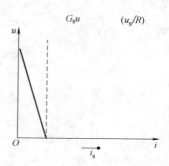

图2.1-23　电流源伏安特性

③ 三种工作状态

加载：$i = i_s - u/R_s$；

短路：$u = 0$，$i_{sc} = -i_{sc}$；

开路：$i = 0$，$u_{oc} = R_s i$。

4. 正弦交流电流电路（图2.1-24）

正弦量：随时间 t 按照正弦规律变化的物理量，都称为正弦量，它们在某时刻的值称为该时刻的瞬时值，则正弦电压和电流分别用小写字母 i、u 表示。

周期量：时变电压和电流的波形周期性的重复出现。周期 T：每一个瞬时值重复出现的最小时间间隔，单位：秒（s）；频率 f：是每秒中周期量变化的周期数，单位：赫兹（Hz）。显然，周期和频率互为倒数，即 $f = 1/T$。

交变量：一个周期量在一个周期内的平均值为零。可见，正弦量不仅是周期量，而且还是交变量。

5. 接地的概念与系统

（1）接地的概念

所谓"接地"，就是为了工作或保护的目的，将电气设备或通信设备中的接地端子，通过接地装置与大地作良好的电气连

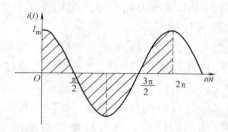

图 2.1-24 正弦交流电流电路

接,并将该部位的电荷注入大地,达到降低危险电压和防止电磁干扰的目的。

(2) 接地系统

所有接地体与接地引线组成的装置,称为接地装置,把接地装置通过接地线与设备的接地端子连接起来就构成了接地系统(图 2.1-25)。

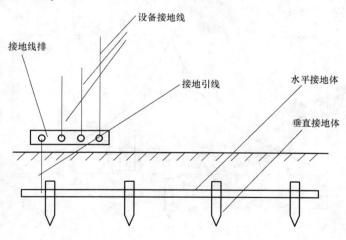

图 2.1-25 接地系统

(3) 接地电阻

一般是由接地引线电阻,接地体本身电阻,接地体与土壤的接触电阻以及接地体周围呈现电流区域内的散流电阻四部分组

成。(接地电阻主要由接触电阻和散流电阻构成)

6. 接地分类及作用

按带电性质可分为交流接地系统和直流接地系统两大类。按用途可分为工作接地系统、保护接地系统和防雷接地系统。而防雷接地系统中又可分为设备防雷和建筑防雷,如图 2.1-26 所示:

对地电压:电气设备的接地部分,如接地外壳、接地线或接地体等与大地之间的电位差,称为接地的对地电压 U_d(离接地体越远越小)。

接触电压:在接地电阻回路上,一个人同时触及的两点间所呈现的电位差,称为接触电压 U_c [离接地体越远越大(就近接地)]。

跨步电压:在电场作用范围内(以接地点为圆心,20m 为半径的圆周),人体如双脚分开站立,则施加于两脚的电位不同而导致两脚间存在电位差,此电位差便称为跨步电压 U_k(离接地体越远越小)。

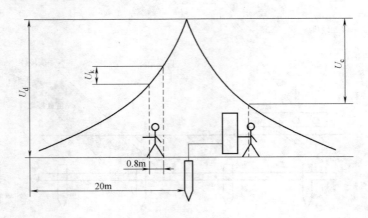

图 2.1-26 接地分类

7. 常用电气元件及接触器控制

(1) 常用控制电器元件

对电动机和生产机械实现控制和保护的电工设备叫做控制电

器。控制电器的种类很多，按其动作方式可分为手动和自动两类。手动电器的动作是由工作人员手动操纵的，如刀开关、组合开关、按钮等。自动电器的动作是根据指令、信号或某个物理量的变化自动进行的，如中间继电器、交流接触器等。

1) 刀闸开关

刀开关又叫闸刀开关，如图 2.1-27，一般用于不频繁操作的低压电路中，用作接通和切断电源，或用来将电路与电源隔离，有时也用来控制小容量电动机的直接启动与停机。刀开关由闸刀（动触点）、静插座（静触点）、手柄和绝缘底板等组成。

刀开关种类很多。按极数分为单极、双极和三极；按结构分为平板式和条架式；按操作方式分为直接手柄操作式、杠杆操作机构式和电动操作机构式；按转换方向分为单投和双投等。

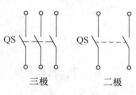

图 2.1-27 刀闸开关

刀开关一般与熔断器串联使用，以便在短路或过负荷时熔断器熔断而自动切断电路。刀开关额定电压通常为 250V 和 500V，额定电流在 1500A 以下。

安装刀开关时，电源线应接在静触点上，负荷线接在与闸刀相连的端子上。对有熔断丝的刀开关，负荷线应接在闸刀下侧熔断丝的另一端，以确保刀开关切断电源后闸刀和熔断丝不带电。在垂直安装时，手柄向上合为接通电源，向下拉为断开电源，不能反装。

刀开关的选用主要考虑回路额定电压、长期工作电流以及短路电流所产生的动热稳定性等因素。刀开关的额定电流应大于其所控制的最大负荷电流。用于直接启停 3kW 及以下的三相异步电动机时，刀开关的额定电流必须大于电动机额定电流的 3 倍。

2) 组合开关

组合开关又叫转换开关，是一种转动式的闸刀开关，主要用于接通或切断电路、换接电源、控制小型鼠笼式三相异步电动机的启动、停止、正反转或局部照明。

组合开关有若干个动触片和静触片，分别装于数层绝缘件内，静触片固定在绝缘垫板上，动触片装在转轴上，随转轴旋转而变更通、断位置（图 2.1-28）。

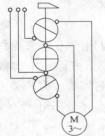

图 2.1-28　组合开关

3) 自动开关

正常情况下过流脱扣器的衔铁是释放着的，严重过载或短路时，线圈因流过大电流而产生较大的电磁吸力，把衔铁往下吸而顶开锁钩，使主触点断开，起过流保护作用。欠压脱扣器在正常情况下吸住衔铁，主触点闭合，电压严重下降或断电时释放衔铁而使主触点断开，实现欠压保护。电源电压正常时，必须重新合闸才能工作。

4) 按钮

按钮的触点分常闭触点（动断触点）和常开触点（动合触点）两种。常闭触点是按钮未按下时闭合、按下后断开的触点。常开触点是按钮未按下时断开、按下后闭合的触点。按钮按下时，常闭触点先断开，然后常开触点闭合；松开后，依靠复位弹簧使触点恢复到原来的位置，如图 2.1-29。

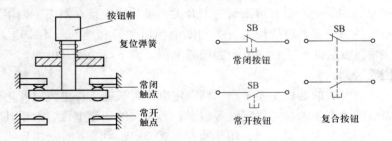

图 2.1-29　按钮

5) 行程开关（图 2.1-30）

行程开关也称为位置开关，主要用于将机械位移变为电信号，以实现对机械运动的电气控制。当机械的运动部件撞击触杆

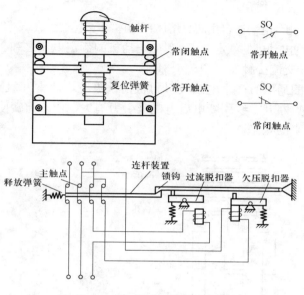

图 2.1-30　行程开关原理图

时,触杆下移使常闭触点断开,常开触点闭合;当运动部件离开后,在复位弹簧的作用下,触杆回复到原来位置,各触点恢复常态。

(2) 常用保护元件

1) 断路器

断路器主要作短路或过载保护用,串联在被保护的线路中。线路正常工作时如同一根导线,起通路作用;当线路短路或过载时断路器熔断,起到保护线路上其他电器设备的作用。

选择熔体额定电流的方法如下:

① 电灯支线的熔体:熔体额定电流≥支线上所有电灯的工作电流之和。

② 一台电动机的熔体:熔体额定电流≥电动机的启动电流÷2.5。

如果电动机启动频繁,则为:熔体额定电流≥电动机的启动电流÷(1.6~2)。

③ 几台电动机合用的总熔体：熔体额定电流=(1.5~2.5)×容量最大的电动机的额定电流,其余电动机的额定电流之和。

2) 交流接触器（图2.1-31）

线圈通电时产生电磁吸引力将衔铁吸下,使常开触点闭合,常闭触点断开。线圈断电后电磁吸引力消失,依靠弹簧使触点恢复到原来的状态。

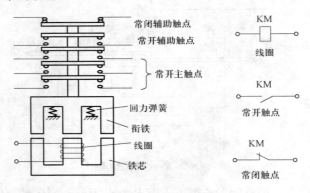

图 2.1-31　交流接触器

根据用途不同,交流接触器的触点分主触点和辅助触点两种。主触点一般比较大,接触电阻较小,用于接通或分断较大的电流,常接在主电路中;辅助触点一般比较小,接触电阻较大,用于接通或分断较小的电流,常接在控制电路（或称辅助电路）中。有时为了接通和分断较大的电流,在主触点上装有灭弧装置,以熄灭由于主触点断开而产生的电弧,防止烧坏触点。

接触器是电力拖动中最主要的控制电器之一。在设计它的触点时已考虑到接通负荷时的启动电流问题,因此,选用接触器时主要应根据负荷的额定电流来确定。如一台 Y112M-4 三相异步电动机,额定功率 4kW,额定电流为 8.8A,选用主触点额定电流为 10A 的交流接触器即可。除电流之外,还应满足接触器的额定电压不小于主电路额定电压。

3) 继电器（图 2.1-32）

继电器是一种根据特定输入信号而动作的自动控制电器，其种类很多，有中间继电器、热继电器、时间继电器等类型。

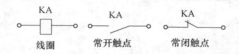

图 2.1-32　继电器

① 中间继电器

中间继电器通常用来传递信号和同时控制多个电路，也可用来直接控制小容量电动机或其他电气执行元件。中间继电器的结构和工作原理与交流接触器基本相同，与交流接触器的主要区别是触点数目多些，且触点容量小，只允许通过小电流。在选用中间继电器时，主要是考虑电压等级和触点数目。

② 热继电器

热继电器是由线膨胀系数不同的两金属片制成，如图 2.1-33。下层金属膨胀系数大，上层的膨胀系数小。当主电路中电流超过容许值而使双金属片受热时，双金属片的自由端便向上弯曲超出扣板，扣板在弹簧的拉力下将常闭触点断开。触点是接在电动机的控制电路中的，控制电路断开便使接触器的线圈断电，从而断开电动机的主电路。

③ 时间继电器

通电延时空气式时间继电器利用空气的阻尼作用达到动作延时的目的。吸引线圈通电后将衔铁吸下，使衔铁与活塞杆之间有一段距离。在释放弹簧作用下，活塞杆向下移动。在伞形活塞的表面固定有一层橡皮膜，活塞向下移动时，膜上面会造成空气稀薄的空间，活塞受到下面空气的压力，不能迅速下移。当空气由进气孔进入时，活塞才逐渐下移。移动到最后位置时，杠杆使微动开关动作。

4) 断路器

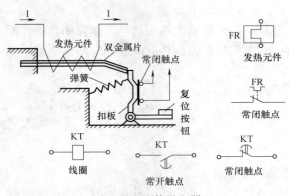

图 2.1-33　热继电器

功能：用于线路保护，主要保护有：短路保护、过载保护等，也可在正常条件下用来非频繁地切断电路。

常用的断路器一般根据额定电流大小分为：框架式断路器（一般 630A 以上）、塑壳断路器（一般 630A 以下）、微型断路器（一般 63A 以下）。

参数：额定电流、框架电流、额定工作电压、分断能力等。

常用型号：C65N D10A/3P、NSX250N、MET20F202。

5）熔断器

功能：熔断器是一种最简单的保护电器，在电路中主要起短路保护作用。

熔断器就功能上可分为普通熔断器和半导体熔断器，半导体熔断器主要是用于半导体电子器件的保护，一般动作时间较普通熔断器和断路器快，因此，也经常称为快熔；普通熔断器一般只用于线路短路保护。

做线路保护用的熔断器一般只用在一些检测、控制回路中，大部分都被断路器而取代。

常用型号：RT18-2A/32X、NGTC1-250A/690V。

6）其他保护继电器（相序继电器、过压、欠压继电器、过流、欠流继电器、剩余电流继电器等）

① 相序继电器

功能：用于进线电源的缺相、错相保护。部分相序继电器还有过压、欠压等保护功能。

② 过流继电器

功能：用于电路发生短路或严重过载时迅速切断电路。常规控制回路一般均加过流继电器做保护。

③ 剩余电流继电器（漏电流继电器）

功能：剩余电流继电器是检测剩余电流，将剩余电流值与基准值相比较，当剩余电流值超过基准值时，发出一个机械开闭信号使机械开关电器脱扣或声光报警装置发出报警的电器。

用于中性点接地的系统，需要配置零序电流互感器。剩余电流动作保护器对被保护范围内相相，相零间引起的触电危险，保护器不起保护作用。

参数：额定电流、额定工作电压、额定脉冲剩余动作电流、分断时间、额定辅助电源电压等

④ 主令、按钮、指示灯

功能：是自动控制系统中用于发送控制指令或显示状态的电器。根据不同的用途，可分为：主令控制器、按钮、转换开关、指示灯、蜂鸣器、带灯按钮等。

主令控制器一般用于主驱动机构的控制，如起升、变幅等；转换开关一般用于功能的切换或者状态的选择；按钮用于启、停、复位等功能的操作；指示灯用于各种状态的指示；蜂鸣器用于状态的警示或者故障的报警。

7) 检测类元件

① 电流互感器

用于检测线路电流，根据不同的型号可穿线或者穿排，二次侧要可靠接地。

② 电流表、电压表、电度表等检测仪表

用于检测电流（一般要配电流互感器）、电压、电能等，要注意实际检测值和显示值之间的区别。电度表要注意和互感器的

匹配，以及单相、三相三线、三相四线的差别。

③ 计时器、计数器等

用于计量时间和数量。要注意用户要求的位数和电压等级。

8) 驱动器及 PLC 系统

① 变频器

功能：通过整流和逆变来实现对频率的控制，以实现调速。常用变频器均为交-直-交型。

常用的控制方式有 V/F 控制、矢量控制、直接转矩控制；调速方式主要有：多功能端子调速、模拟量调速、通信调速。

变频器的过载能力，一般按 3min 过载 60s 来核定，过载倍数为 1.36~1.6 倍不等；要区分额定输出电流、轻过载额定输出电流、重过载额定输出电流、过载电流等参数。

选择变频器要把握以下两个原则：a. 变频器的额定输出电流必须要满足电动机的额定电流；b. 变频器的过载电流必须满足电动机的过载电流。

参数：电压范围、额定输出电流、过载电流等。

② PLC 系统

PLC 是设备的控制中心，在设计时需要注意以下几个方面：

系统网络：首先要搭建好系统网络，要层次分明。变频器和 PLC 之间的通信、PLC 主站和从站之间的通信、PLC 和上层网络（中控室等）之间的通信、PLC 和现场设备之间的通信等等，都需要一一的理清楚。

模块配置：一个 PLC 系统一般包含以下几个部分：电源模块、CPU 模块、数字量输入输出模块、模拟量输入输出模块、通信模块、底板或导轨、扩展电缆、特殊模块等。

③ 制动电阻

制动电阻的阻值和功率需要计算核实；制动电阻阻值过大，容易造成直流母线过电压；制动电阻阻值过小容易导致制动单元过热，烧坏制动单元。

2.2 维修工器具使用方法

2.2.1 电工仪表使用方法

1. 钳形电流表

钳形电流表是一种用于测量正在运行的电气线路的电流大小的仪表,可在不断电的情况下测量电流。

(1) 结构及原理

钳形电流表实质上是由一只电流互感器、钳形扳手和一只整流式磁电系仪表所组成。

(2) 使用方法

1) 测量前要机械调零。

2) 选择合适的量程,先选大量程,后选小量程或看铭牌值估算。

3) 测量时,应使被测导线处在钳口的中央,并使钳口闭合紧密,以减少误差。

4) 测量完毕,要将转换开关放在最大量程处。

(3) 注意事项

1) 被测线路的电压要低于钳表的额定电压。

2) 测高压线路的电流时,要戴绝缘手套,穿绝缘鞋,站在绝缘垫上。

3) 钳口要闭合紧密,不能带电换量程。

2. 兆欧表(摇表)

当电器设备,如电动机、电缆、家用电器等受热和受潮时,绝缘材料会老化,其绝缘电阻便降低,从而造成电器设备漏电或短路事故。为了避免事故发生,就要求经常测量各种电器设备的绝缘电阻,判断其绝缘程度是否满足设备要求。最常用的仪表就是兆欧表,也叫绝缘电阻表。它与测电阻仪表的不同之处在于测量绝缘电阻时本身就有高电压电源。

(1) 结构及原理

兆欧表主要由作为电源的手摇发电动机（或其他直流电源）和作为测量机构的磁电式流比计双动线圈流比计组成。测量时，实际上是给被测物加上直流电压，测量其通过的泄漏电流，在表的盘面上读到的是经过换算的绝缘电阻值。

（2）兆欧表的正确使用

在兆欧表上有三个接线端钮，分别标为接地 E、电路 L 和屏蔽 G。一般测量仅用 E、L 两端，E 通常接地或接设备外壳，L 接被测线路，电动机、电器的导线或电动机绕组。测量电缆芯线对外皮的绝缘电阻时，为消除芯线绝缘层表面漏电引起的误差，还应在绝缘上包以锡箔，并使之与 G 端连接。

（3）注意事项

1）测量前先将兆欧表进行一次开路和短路试验，检查兆欧表是否正常。具体操作为：将两连接线开路，摇动手柄指针应指在无穷大处，再把两连接线短接一下，指针应指在零处。

2）被测设备必须与其他电源断开，测量完毕一定要将被测设备充分放电（约需 2～3min），以保护设备及人身安全。

3）兆欧表与被测设备之间应使用单股线分开单独连接，并保持线路表面清洁干燥，避免因线与线之间绝缘不良引起误差。

4）摇测时，将兆欧表置于水平位置，摇把转动时其端钮间不许短路。摇测电容器、电缆时，必须在摇把转动的情况下才能将接线拆开，否则反充电将会损坏兆欧表。

5）摇动手柄时，应由慢渐快，均匀加速到 120r/min，并注意防止触电。摇动过程中，当出现指针已指零时，就不能再继续摇动，以防表内线圈发热损坏。

6）应视被测设备电压等级的不同选用合适的绝缘电阻测试仪。一般额定电压在 500V 以下的设备，选用 500V 或 1000V 的兆欧表；额定电压在 500V 及以上的设备，选用 1000～2500V 的兆欧表。量程范围的选用一般应注意不要使其测量范围过多的超过所测设备的绝缘电阻值，以免使读数产生较大的误差。

7）禁止在雷电天气或在邻近有带高压导体的设备处使用兆

欧表测量。

3. 万用表

万用表是万用电表的简称，能测量电流、电压、电阻，有的还可以测量三极管的放大倍数，频率、电容值、逻辑电位、分贝值等。万用表有很多种，现在最流行的有机械指针式的和数字式的万用表。

（1）结构及原理

万用表大体由表头、选择开关、表笔和插孔组成。表头为灵敏电流计，选择开关是一个多挡位的旋转开关，表笔分为红黑共两只，插孔分别标为"＋"和"－"符号。当微小电流通过表头，就会有电流指示。但表头不能通过大电流，所以，必须在表头上并联与串联一些电阻进行分流或降压，从而测出电路中的电流、电压和电阻。

（2）使用方法

通过转换开关的旋钮来改变测量项目和测量量程。机械调零旋钮用来保持指针在静止处在左零位。"Ω"调零旋钮是用来测量电阻时使指针对准右零位，以保证测量数值准确。

（3）注意事项

1）测量电流与电压不能选错挡位。如果误选电阻挡或电流挡去测电压，就极易烧坏电表。

2）测量直流电压和直流电流时，注意"＋"、"－"极性，不要接错。如发现指针反转，既应立即调换表棒，以免损坏指针及表头。

3）如果不知道被测电压或电流的大小，应先用最高挡，而后再选用合适的挡位来测试，以免表针偏转过度而损坏表头。所选用的挡位愈靠近被测值，测量的数值就愈准确。

4）测量电阻时，不要用手触及元件的裸体的两端（或两支表棒的金属部分），以免人体电阻与被测电阻并联，使测量结果不准确。

5）测量电阻时，如将两支表棒短接，调"零欧姆"旋钮至最大,指针仍然达不到 0 点,这种现象通常是由于表内电池电压不足造成的,应换上新电池方能准确测量。

6) 万用表不用时,不要旋在电阻挡,因为内有电池,如不小心易使两根表棒相碰短路,不仅耗费电池,严重时甚至会损坏表头。

2.2.2 常用工器具使用方法

1. 工器具分类

工器具按用途可以分为:常用工器具、专用工器具。

常用工器具又可以分为普通工器具和量具两类。

普通工器具,如:活扳手、梅花扳手、开口扳手、套筒扳手、内六方扳手、手锤、剪子、划针、样冲、旋具、手锯、錾子等。

量具分普通量具和精密量具两种。

普通量具:钢卷尺、钢板尺、皮卷尺、布尺、木尺等。

精密量具:游标卡尺、内、外径千分尺、深度游标卡尺、高度游标卡尺、万用角度尺、内径量表、百分表、塞尺等。

专用工器具:

按专业分:机、电、炉、燃、灰、化、热工等专用工器具。

按设备分:发电机专用工器具、给水泵专用工器具、汽缸专用工器具、调速气门专用工器具、安全阀专用工器具、力矩扳手等等。

按用途分:检修专用工器具、试验(校验)工器具。

起重工器具:

起重工器具是指利用人工进行实际操作的小型的工器具。如:捯链(手拉葫芦)、千斤顶(油压千斤顶、螺旋千斤顶)、司索(钢丝绳、吊带、棕绳、卡环、吊鼻、滑轮)等。

安全工器具:安全工器具是指为了保护工作人员的健康安全的防护工器具。安全带、防坠器、绝缘鞋、防砸鞋、安全帽、防尘面具、绝缘手套、防护服(防酸、防碱)、防护眼镜等。

电动工器具:电钻、磨光机、切割王、无齿锯、电内磨、电剪子、电动扳手、切割机、抛光机、砂轮机、电焊机、电动打磨机等。

按工作原理分

机械工器具：如螺旋拉马、螺旋千斤顶等。

液压工器具：油压千斤顶、液压拉马、液压扳手等。

电动工器具：电动扳手、电动油压泵等。

2. 扳手的选择

（1）活扳手

活扳手的选择一般常用于普通的低压法兰、管道、阀门、连接件、紧固件的拆卸和紧固。对高压法兰、主要设备的紧固件的拆卸和紧固，原则上是不允许使用活扳手，因为，活扳手在开口处具有一定的富裕间隙和弹性间隙，高压法兰和主要设备的连接件需要的力矩值大，在紧固和拆卸过程中容易产生打滑现象，对连接件的棱边造成一定损伤，有时会造成连接件失效或设备损坏。

活扳手优点：可以进行调整尺寸，使用方便（图 2.2-1）。

（2）梅花扳手、开口扳手、梅花开口扳手套筒扳手的规格以及选择、使用方法

梅花扳手、开口扳手、梅花开口扳手分英制、公制两种型号。英制扳手以寸为单位，最小英制扳手为 1/8 寸，以 1/16 寸为单位进行逐渐增大，配套的英制扳手最大尺寸 2 寸；公制扳手以毫米为单位，最小 2mm，配套的扳手最大 36mm，生产检修经常使用的梅花扳手、开口扳手规格有：8～10、12～14、17～19、22～24、27～30、32～36。常用扳手的设计是根据螺栓紧固力矩大小设计的，力矩的大小应根据设备的技术要求进行操作，力矩使用过大会造成

图 2.2-1　活扳手

图 2.2-2 各种扳手

螺栓内应力过大,材料内部产生裂纹、断裂,也会使螺纹失效造成设备损坏或造成工具损坏。力矩过小,容易发生紧固件松动,造成设备泄露、振动等异常。使用扳手时一般规律是:M10 以下的螺栓在 10~50N/m 之间,M12~M16 的螺栓在 60~150N/m 之间,M20~M30 的螺栓在 200~500N/m 左右(图 2.2-2)。

3. 58 件套公制组套

(1) 18 件 10mm 系列 6 角公制套筒:6mm,7mm,8mm,9mm,10mm,11mm,12mm,13mm,14mm,15mm,16mm,17mm,18mm,19mm,20mm,21mm,22mm,24mm。

(2) 9 件 10mm 系列 6 角公制长套筒:8mm,10mm,11mm,12mm,13mm,14mm,15mm,17mm,19mm。

(3) 1 件 10mm 系列梨型头快速脱落棘轮扳手。

(4) 2 件 10mm 系列接杆:3″、10″。

(5) 1 件 10mm 系列万向接头。

(6) 1 件三用接头:12.5mm 方孔×10mm 方头。

(7) 2 件 10mm 系列公制火花塞套筒:16mm、21mm。

(8) 9 件 10mm 系列花形旋具套筒:T-10,T-15,T-20,T-25,T-30,T-40,T-45,T-50,T-55。

(9) 7 件 10mm 系列六角旋具套筒:3mm,4mm,5mm,6mm,7mm,8mm,10mm。

(10) 3 件 10mm 系列十字形旋具套筒:1 号,2 号,3 号。

(11) 2 件 10mm 系列米字形旋具套筒:1 号,2 号。

(12) 3 件 10mm 系列一字旋具套筒:5.5mm,6.5mm,8mm。

58 件套和扭力扳手配套使用(图 2.2-3)。

4. 38 件套公制组套(图 2.2-4)

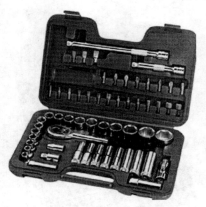

图 2.2-3　58 件套公制组套

(1) 14 件 6.3mm 系列 6 角套筒（3.5mm，4mm，4.5mm，5mm，5.5mm，6mm，7mm，8mm，9mm，10mm，1mm，12mm，13mm，14mm）。

(2) 2 件 6.3mm 系列转向接杆（2″，4″）。

(3) 18 件 6.3mm 系列旋具套筒。

(4) 花形（T-10，T-15，T-20，T-25，T-30，T-40）。

(5) 六角（3mm，4mm，5mm，6mm，8mm）。

(6) 十字（1 号，2 号）×2。

(7) 一字（4mm，5.5mm，6.5mm）。

(8) 1 件 6.3mm 系列专业快速脱落棘轮扳手。

(9) 1 件 6.3mm 系列旋柄。

(10) 1 件 6.3mm 系列滑行杆。

(11) 1 件 6.3mm 系列万向接头。

5. 螺丝批组套

两种螺丝批组套分别用于不同机械电气部件拆装，绝缘螺丝批组套主要用于带电零部件的场合，如：继电器、线排等（图 2.2-5）。

需要注意的是：针对大小不同的螺钉，应选用相应的螺丝批，避免将螺栓拧滑丝脱出。

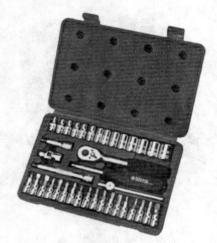

图 2.2-4　38 件套公制组套

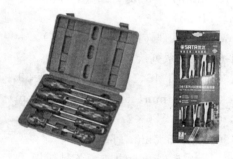

图 2.2-5　螺丝批组套

6. 錾子

常用的錾子有三种：扁錾、尖錾、油槽錾（图 2.2-6）。

錾子淬火的温度依据錾子材质含碳量而决定，含碳量越高淬火温度就高，一般在 750～850℃ 之间，用眼睛观察，橘红色或淡红色即可，微见白色也就过热了，也就快化成铁水了，这用气焊试上几次就有经验啦。

錾子的切削角度：

錾子前刀面与后刀面之间的夹角称楔角。

楔角的大小对錾削有直接影响，一般楔角越小越省力。楔角过小会造成刃口薄弱，容易蹦损；而楔角过大时，錾切费劲，錾削表面也不易平整。

錾削时楔角的选择：錾硬物件时，楔角取 60°～70°，錾削一般钢材和中等硬度材料时，楔角取 50°～60°；錾削铜铝等软材料时，楔角取 30°～50°。

图 2.2-6　錾子

7. 锉刀

锉刀（图 2.2-7），用高碳工具钢 T13、T12 制成，经热处理后硬度达到 62～72。

锉刀的种类有：普通钳工锉、整形锉和异形锉三类。整形锉也叫什锦锉或组锉。

锉刀的规格是根据锉刀的长度表示的。

锉刀粗细用 1 号、2 号、3 号、4 号、5 号表示，1 号粗齿、

图 2.2-7　锉刀

2号中粗、3号细齿、4号双细齿、5号油光锉。

锉刀粗细规格选择原则：决定于工件材质、加工余量的大小、加工精度和表面粗糙程度要求高低。

8. 各种钳子类的分类与使用范围

钳子种类很多，我们经常使用的为：虎口钳、尖嘴钳、剪线钳、卡簧钳、大力钳、剥线钳、压线钳、剪刀等（图2.2-8）。

虎口钳、尖嘴钳使用最广，主要使用在拧铁丝、小螺栓等不规格零部件上。剪线钳主要用来剪切电线、扎带等较难扯断的线类。卡簧钳用于对零部件上的卡簧（内、外卡簧）进行拆装，如：车门直线轴承、车钩等。

图2.2-8 钳子

2.2.3 普通量具选择

1. 普通量具的选择

普通量具在生产工作中使用比较广泛，在测量物件基本尺寸而要求不是很精密时的最佳选择工具，如管道、角钢下料、长距离尺寸测量等。生产经常使用的有钢卷尺、钢板尺、皮卷尺等（图2.2-9）。

使用钢卷尺测量物件时要注意的问题，在钢卷尺测量始端处有一个挂钩，该挂钩有1mm活动余量，当挂钩顶住被测量物件时挂钩进入米尺1mm，当挂钩挂住被测量物件时挂钩与米尺齐平。工作中只要注意这一点测量物件或下料就不会出差错。

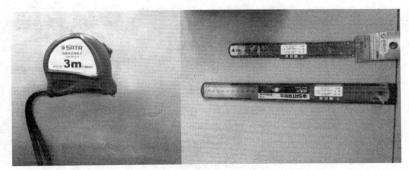

图 2.2-9 普通量具

2. 精密量具的正确使用和维护

(1) 万能量具

这类量具一般都有刻度，在测量范围内可以测量零件和产品形状及尺寸的具体数值。如：游标卡尺、千分尺、百分表和万能量角器等。

(2) 专用量具

这类量具不能测量出实际尺寸，只能测定零件和产品的形状及尺寸是否合格，如卡规、塞规、卡钳。

(3) 标准量具

这类量具只能制成某一固定尺寸，通常用来校对和调整其他量具，也可以作为标准与被测量件进行比较，如外径千分尺的量块。

(4) 长度单位基准

在生产经常使用的长度单位有米（m）、厘米（cm）、毫米（mm）、忽米也叫丝（cmm），丝和毫米是百进位的关系。有时用到英寸，1英寸=25.4mm。

(5) 游标卡尺（以实物讲解200mm 精度等级为0.02游标卡尺一个）

结构：尺身和游标（图2.2-10）。

读数方法的三个步骤：①读出游标上的零线左面尺身的毫米

图 2.2-10　游标卡尺

整数。②读出游标上那一条刻线与尺身刻线对齐。③把尺身和游标上的尺寸相加。

测量范围和精度等级：测量范围根据游标卡尺的规格所决定，测量精度等级有：0.02 级，0.05 级，示值总误差分别是＋－0.02，＋－0.05。

深度游标卡尺（以实物讲解深度游标卡尺 250 的一件）。

外径千分尺（以实物讲解实物外径千分尺 0～25 的一件）。

（6）力矩扳手

力矩扳手规格：有 0～10N/m、0～50N/m、20～100N/m、50～300N/m、75～600N/m、100～2000N/m（图 2.2-11）。

图 2.2-11　力矩扳手

力矩扳手力矩的调整方法：拔除制动销，转动调节手柄根据紧固件力矩要求进行调整，以刻度线为准，调整后的力矩是对紧固件最大力矩值。

一般情况下利用力矩扳手紧固连接件需要分三次进行打力矩，即 30%、60%、100%。在使用过程中，注意不要用力过猛,要用力均匀,听到喀哒、喀哒打滑声即可。

3. 量具的维护和保养

为了保持量具的测量精度,延长使用寿命,对量具的维护保养应十分注意。一个合格且注意自身形象的员工,在使用过程中会做到以下几点:

(1) 测量前将工件和量具测量面擦净,以免影响测量精度和量具磨损。

(2) 量具在使用过程不要和其他工器具放在一起,以免碰坏。

(3) 不要测量转动的工件。

(4) 温度对量具精度影响很大,量具不要放在热源附近,以免变形。

(5) 用完后及时清理擦油,放在专用盒子里。

2.2.4 起重工器具使用

起重工器具包括:捯链、千斤顶、司索(钢丝绳、卡环、吊鼻等)。

1. 捯链(手拉葫芦)

(1) 捯链分类

1) 捯链按起重量有: 0.5t、1t、1.5t、2t、3t、5t、10t。

2) 捯链按起升高度有: 2m、3m、4.5m、6m、9m、12m。

任何发电厂都具备以上捯链,利用捯链起重设备省力、方便,在检修安装过程中经常使用。

(2) 捯链的使用

1) 捯链使用前的检查:合格证在有效期内,外壳完好,止脱钩齐全,链条良好。

2) 捯链在使用过程中应注意的几个事项:

① 起重量在3t以下的捯链只允许1人操作,起重量5t的只允许2人操作,起重量10t的允许3人操作,并且不要站在捯链和物件正下方。

② 捯链承重负荷不得超过额定值。

③ 捯链禁止浸油、不得在水中使用,因为摩擦片沾油打滑、在水中使用也打滑。

2. 千斤顶

千斤顶有螺旋千斤顶、油压千斤顶(手动油压千斤顶、电动油压千斤顶)(图 2.2-12)。

(1) 千斤顶分类

1) 千斤顶规格分:3.2t、5t、10t、16t、20t、32t。

2) 油压千斤顶规格分:7.5t、10t、20t、30t、50t、100t、200t。

(2) 使用千斤顶注意事项:

1) 使用千斤顶严禁过载。

2) 禁止歪斜使用。

3) 在千斤顶顶部要垫有平面物件。

4) 顶起物件后要及时加支撑物件。

5) 禁止加长操作杆进行操作,禁止多人同时操作一个千斤顶。

图 2.2-12 千斤顶

3. 司索(钢丝绳、吊带、卡环、吊鼻、棕绳)

(1) 钢丝绳

安全系数:捆绑用钢丝绳安全系数一般选择 10,滑轮传动用钢丝绳安全系数一般选择5、吊笼、载人升降机安全系数一般选择10；捆绑用钢丝绳的允许使用负荷计算公式：$P=5D×D$，P代表5倍安全系数钢丝绳许用拉力，D代表钢丝绳直径。钢丝绳使用前的检查：检验合格证有效期内、无断股、无电弧及火烧伤。

（2）吊带

吊带的安全系数是1，即规定1t的吊带，最大吊1t，只要超1.1倍，吊带就会断裂。在云南一发电厂大修期间，发生吊带断裂造成1人死亡事件。

吊带使用前的检查：合格证在有效期内、吊带无损伤、无烧伤。

吊带捆绑使用时注意：在物件棱角处要垫有胶皮或其他物件，防止划伤吊带。吊带禁止粘有油污和酸碱。

（3）吊鼻、卡环

卡环的使用安全系数是5，允许载荷计算公式$W=5×D×D$，W代表5倍安全系数卡环许用拉力，D代表钢丝绳直径。吊鼻的使用安全系数是3.5，允许载荷计算公式$W=3.5×D×D$，W代表2.5倍安全系数吊鼻许用拉力，D代表钢丝绳直径。吊鼻、卡环使用前的检查：无裂纹、死扣良好、合格证在有效期内。

2.2.5 安全工器具

1. 安全带

生产使用的安全带形式是双背式安全带，抗100kg坠落的

图2.2-13 梯子

拉力。安全带使用前的检查：合格证在有效期内、挂绳无断股、无烧伤、背带和腰带无烧伤良好、挂钩无裂纹。

2. 梯子

梯子一般有单梯、人字梯、升降梯（图2.2-13）。

使用梯子前的检查：胶靴齐全、升降绳良好、制滑钩良好、铆钉无松动、梯撑良好，合格证在有效期内。

3 岗位专业知识

3.1 固定式架车机

3.1.1 固定式架车机的功能和各组成部分的名称

1. 概述

架车机主要有固定式架车机和移动式架车机两种，主要用于铁路、地铁客车车辆及符合此使用条件的其他车辆检修时的架车作业，是车辆段与综合基地检修主厂房大修/架修库内临修列位的专用设备，以便对车体、转向架及其他部件进行维修和更换作业。本节主要介绍南宁地铁 1 号线 DJCJ-C-NN1 型整体地下式固定架车机。

2. DJCJ-C-NN1 型整体地下式固定架车机

（1）功能

固定式架车机用于整列车辆转向架的更换、车辆的拆卸、装配及维修，能满足对 6 节编组列车在不解编状态下的同步架车作业。固定式架车机可以对整列编组列车中所有转向架同时进行更换，也可以对整列编组列车中的任一个转向架进行更换。

（2）机械系统结构

机械系统结构主要包括钢结构部分、转向架架车单元、车体架车单元、盖板部分等组成。各部分组成见图 3.1-1～图 3.1-3。

1）钢结构部分

钢结构部分主要由架车单元承载底座、轨道桥（辅助轨）、举升单元安装座等组成。如图 3.1-4 所示。

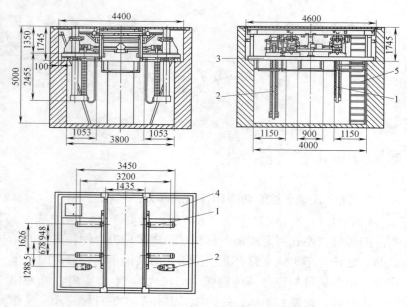

图 3.1-1 机械系统结构组成

1—转向架举升单元；2—车体举升单元；3—钢结构；4—盖板；5—维修平台和梯子

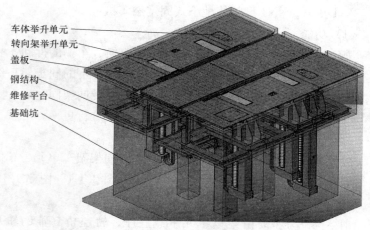

图 3.1-2 设备总体外观图（一）

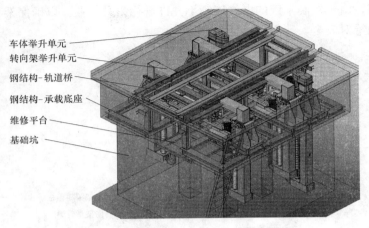

图 3.1-3 设备总体外观图（二）（去掉盖板）

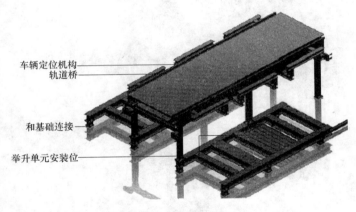

图 3.1-4 钢结构总体组成

① 承载底座是转向架架车单元和车体架车单元的安装和承载部件。

② 轨道桥（或称为辅助轨）与库内的车间钢轨平齐，确保列车的顺畅通过。在轨道桥上装有车轮定位装置，用于判断车辆停放位置是否正确。

只有车轮准确地停到车轮定位位置才允许进行举升作业，否则,由于控制系统的电气连锁不允许进行举升作业,以确保架车的绝对安全。

2) 转向架架车单元

每套转向架架车单元主要包括:

① 4 个转向架举升组;

② 2 条举升轨道梁;

③ 1 套驱动系统及 1 套驱动系统安装座;

④ 1 套跟随盖板。

如图 3.1-5 所示。

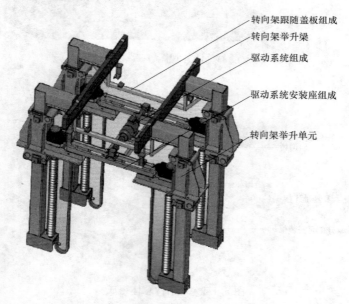

图 3.1-5 转向架单元总体组成

各部分组成详述如下:

① 转向架举升组主要由转向架举升柱、导向箱体及丝杠/螺母传动系统等部件组成。

转向架举升柱设计为"⌐"形结构,其端部与举升轨道梁连接,确保转向架可以从轨道梁下方顺畅地通过。导向箱体是举升柱的导向部分,其上安装的导向轮确保举升柱可以垂直的升降,并用来承受载荷对举升柱产生的弯矩作用。丝杠/螺母系统采用具有自锁功能梯形螺纹机构,确保系统在任何位置均能可靠的自锁。丝杠/螺母传动系统采用承载螺母和安全螺母的双螺母设计。

每套丝杠/螺母传动系统均由集中润滑装置统一进行润滑,当架车机运行时,润滑装置自动投入工作。该注油器安装在维修平台墙壁上,工作时由油泵供油至分配阀上,分配阀再通过油管将油注入相应的丝杠/螺母上。考虑到架车机运行的频率,注油器上配有手动调节工作时间的装置。注油器如图 3.1-6。

图 3.1-6 注油器

② 举升轨道梁是转向架的承载部分。采用箱形焊接、凹槽结构,主体结构为 H 型钢,确保具有足够的强度、刚度和举升过程中车轮在轨道上的安全。轨道梁内侧装有工业型灯管,提高了转向架检修作业时下部空间的照度。

③ 驱动系统由 1 套安装座、1 个驱动电动机、4 个伞齿轮减速箱、3 个输出换向器、柔性轴(联轴器)等组成。如图3.1-7所示。

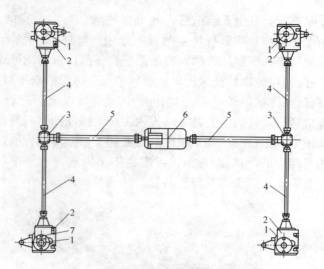

图 3.1-7 驱动系统组成

1—Tr75×12 丝杠；2—伞齿轮减速箱；3—换向器；4—柔性轴联轴器组成；
5—柔性轴联轴器组成；6—电动机（带制动）；7—凸轮开关

④ 跟随盖板架车过程中随着举升柱同时上升，以防止在架修过程中工具和零件落入架车机系统内，架车结束后随举升柱同时收回到地坑内。

3）车体架车单元

车体架车单元主要由车体举升柱、导向箱体、托头、丝杠螺母传动系统等组成。如图 3.1-8 所示。

各部分组成详述如下：

① 车体举升柱为方形结构，其下端的螺母箱为承载螺母的托架部分。

② 导向箱体为抗扭转的箱形结构，侧面安装导向轮，用于承受立柱垂直升降过程产生的弯矩。导向轮处需定期润滑保养。

③ 托头在举升单元的最顶部，内部放置有车体承载开关，用于检测车体单元加载到位。

④ 丝杠螺母传动系统是车体架车单元的传动机构，丝杠螺母

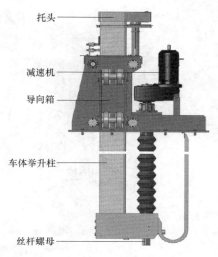

图 3.1-8　车体架车单元组成

采用具有自锁功能的梯形螺纹。丝杠螺母传动系统采用了包括承载螺母和安全螺母的双螺母设计，两螺母之间设定的初始间隙为 $X=10$mm（图 3.1-9、图 3.1-10），当两螺母之间距离减小到 7mm 时，必须更换承载螺母。如果继续磨耗，当承载螺母磨损极限时，

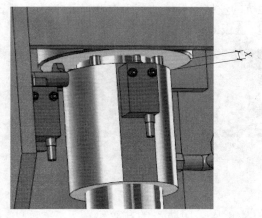

图 3.1-9　螺母间隙示意图

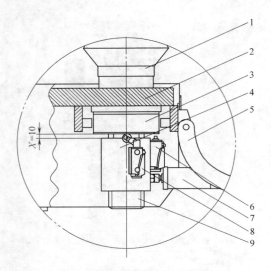

图 3.1-10 双螺母组成及间隙测量示意图
1—丝杠护套；2—螺母箱；3—承载螺母；4—安全螺母；5—电缆拖链；
6—螺母磨损监控；7—润滑器；8—障碍物监控；9—丝杠 Tr75×12

将触发螺母耗损保护开关使系统自动停机。为此，丝杠螺母之间的距离应每年测量一次，并填写记录表，以便掌握螺母的磨耗情况。每个地坑的丝杠螺母传动系统均设有集中润滑装置。

4）地坑盖板的组成（图 3.1-11）

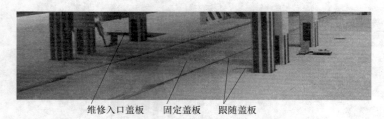

图 3.1-11 地坑盖板组成

地坑盖板主要由固定盖板和活动盖板组成。

① 所有盖板均采用防滑的花纹钢板及型钢焊接而成，具有足够的强度和刚度，能够确保 3t 叉车满载安全通过。

② 固定盖板主要设置在设备的非活动区域，由多块盖板拼装组成。

③ 活动盖板包括举升轨道梁区域的跟随盖板和车体架车单元举升区域的跟随盖板。跟随盖板用于填补轨道梁和托头升起后的空缺区域。

（3）电气控制系统

1）电气控制系统概述

固定式架车机电气控制系统主要由硬件和软件2大部分组成。

其中，硬件系统主要包括主控柜（主操作台）、分控柜、本地控制器和现场电气设备；软件系统主要包括触摸屏软件和PLC软件。

2）硬件部分

① 主控柜及主操作台

设备设置1个主控柜（主操作台）。主控柜（图3.1-12）设置于6号、7号地坑的中间位置。

图3.1-12　主控柜照片

主控柜内设有为各分控柜供电的电路、触摸屏（图3.1-13）、主控 PLC/监控 PLC 和控制电路、信号指示等。触摸屏作为 PLC 的人机界面，用于 PLC 参数的设置、架车机的操作与状态显示、报警提示等任务。

控制系统采用双 PLC 结构，其中主控 PLC 采用西门子 S7-300系列产品作为控制系统的核心，用于完成整个系统的功能选择、位置检测及逻辑控制；监控 PLC 采用西门子 S7-300 系列产品作为监控系统的核心，用于对整个系统的升降状态及高度脉冲等进行监控。

架车机有 2 种工作模式和 1 种检修模式：

同步联控模式：用于操作整列转向架或车体架车单元，是系统的主要工作模式。

本地控制模式：用于操作单个转向架或车体架车单元，也可用于系统的检修及调试。

检修模式：用于系统检修。

图 3.1-13　触摸屏显示界面

② 分控柜（图 3.1-14）

分控柜设置在每个基础地坑中，内部设有为坑内电气设备供电的配电电路，主控 PLC 子站、监控 PLC 子站、柜内通风、除湿系统与坑内通风控制系统。

主控 PLC 子站和监控 PLC 子站采集坑内各信号的状态，通过各自的 Profibus 通信电缆将其分别上传到主控 PLC 和监控 PLC，主控 PLC 和监控 PLC 再根据程序运算将坑内的各控制信号通过 Profibus 通信电缆下传到主控 PLC 子站和监控 PLC 子站，完成指定的控制动作。

③ 本地控制器

本地控制器设置在每个基坑的两侧，在得到主控柜的授权后才具有本地控制权。通过柔性电缆与分控柜连接，使用时打开盖板即可拖出，使用后放回本地控制器盒内。

如图 3.1-15，主控柜侧本地控制器具有选择按钮，可以选择主侧控制的对象：车体举升单元或转向架举升单元；另一侧的本地控制器只能控制车体举升单元。

图 3.1-14　分控柜照片

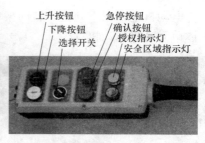

图 3.1-15　主控柜侧本地控制器

各按钮盒、按钮定义和说明如下：

授权：蓝色指示灯。当主控台授予本地控制器操作权（待灯亮）时，本地控制器才有操作权限。如果主控台授权某台转向架单元（或车体单元）单控，且在本地控制器将切换按钮上切换到转向架单元（或车体单元）上时，指示灯才会亮起。

120mm 安全区域：红色指示灯。当架车单元落到距离地面 120mm 的安全区域时，指示灯亮起，如果要继续下降，需要按住下降按钮和绿色的确认按钮。

急停：紧急情况下，按下该按钮，停止所有架车动作，当处理故障后需要解除急停状态时，只需旋转并拔出该急停按钮即可缓解。

确认：绿色按钮开关。关键动作的确认及整列架车时现场人员的整列同步架车确认，当现场任意一个"确认"键被释放，将停止所有架车动作。

车体/转向架选择开关：2位自保持型旋钮型选择开关。用于选择单控车体举升单元或单控转向架举升单元（注：该开关只在主控台侧的本地控制器上有）。

上升：通过该按钮控制车体或转向架举升单元上升。

下降：通过该按钮控制车体或转向架举升单元下降。

④ 现场电气设备

现场设备主要包括驱动电动机、限位开关及传感器、分线盒、电缆等。

电动机包括以下几类：转向架单元升降电动机（图3.1-16）、车体单元升降电动机（图3.1-17）以及地坑通风电动机。

图3.1-16 转向架单元升降电动机　　图3.1-17 车体单元升降电动机

限位开关及传感器主要有以下类别：上/下工作限位、上/下安全限位、螺母磨损监控开关、障碍物监控开关、车体架车单元承载监测开关、同步脉冲监控开关、车轮到位开关等。各开关、传感器的设置功能及位置如图 3.1-18～图 3.1-22 所示。

如图 3.1-23，分线盒用于电缆的转接与分接，装设在各转向架单元和车体架车单元的螺母盒及举升立柱箱体位置。

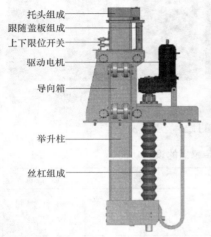

图 3.1-18　车体上/下限位保护开关

图 3.1-19　转向架上/下限位保护开关

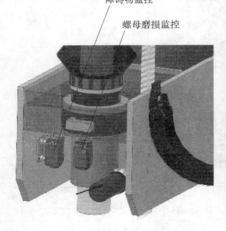

图 3.1-20　障碍物监控开关、螺母磨损监控开关

图 3.1-21　车轮到位开关

图 3.1-22 同步脉冲监控开关

图 3.1-23 分线盒

⑤ 架车单元开关、传感器的设置功能表（表 3.1-1）

架车单元开关、传感器的设置功能表　　　表 3.1-1

序号	规格	功能描述	所属单元	所处位置
1	障碍物监控开关	举升柱下降过程中遇到障碍物时触发该开关	转向架架车单元、车体架车单元	丝杠螺母位置
2	螺母磨损监控开关	承载螺母严重磨损或破裂时触发该开关	转向架架车单元、车体架车单元	丝杠螺母位置
3	同步脉冲监控开关	用于各举升柱之间同步脉冲的获得及同步控制	转向架架车单元、车体架车单元	丝杠齿轮盘部位
4	托头承载指示开关	车体架车单元托头承载时触发该开关	车体架车单元	托头承载点下方
5	车轮到位开关	用于确认车辆是否在架车单元上正确就位	转向架架车单元辅助轨道上	轨道桥上
6	上、下限位开关	用于各举升柱上下工作限位、上下安全限位	发转向架架车单元、车体架车单元	车体/转向架举升单元导向箱

(4) DJCJ-C-NN1 型地坑式固定架车机主要技术参数

1) 基本参数

① 总功率：约 85kW（未考虑电动机启动冲击）。

② 工作电压：AC220/380 V。
③ 设备最大噪声：小于 70dB。
④ 地坑盖板承重：可以承载 3t 全负荷叉车在上面运行。
⑤ 设备净重：约 13t/台×12＝156t。
2）转向架（车辆）架升系统
① 提升能力
1 台（套）转向架（车辆）架升单元：20t。
1 个车位转向架架升单元：40t。
② 有效提升行程：1700mm。
③ 升降速度：350mm/min。
④ 驱动功率：5.5kW。
⑤ 螺杆直径：TR75×12。
3）车体举升系统
① 提升能力
1 台（套）车体架升单元：11t。
1 个车位车体架升单元：44t。
② 有效提升行程：2800mm。
③ 升降速度：350mm/min。
④ 驱动功率：3kW。
⑤ 螺杆直径：TR75×12。
4）举升柱同步升降精度要求
① 同一车位转向架（车辆）架升柱之间高度差：±4mm。
② 同一车位车体架升柱之间高度差：±4mm。
③ 任意两车位之间转向架（车辆）架升柱高度差：±4mm。
④ 任意两车位之间车体举升柱高度差：±4mm。
5）传动系统关键零部件参数
① 转向架架车单元驱动电动机：
型号：SK132S/4Bre100HLRGWE。
名称：电动机。
安装方式：底角安装 B3。

电压/频率：3AC380V/50Hz。
额定功率：5.5kW。
输出转速：1450r/min。
输出扭矩：36.5N·m。
绝缘等级：F。
防护等级：IP55。
制动力矩：100N·m。
制动电压/频率：220V/50Hz。
箱体：手动释放；两端输出轴。
② 转向架架车单元减速箱：
型号：SK9016.1AZD-W。
名称：斜齿轮伞齿轮减速机。
安装方式：M4/M5。
电压/频率：3AC380V/50Hz。
传动比：46.1。
输出转速：30r/min。
输出扭矩：max.610N·m。
润滑油：矿物油，ISOVG220。
箱体：伞齿轮直角轴结构；空心轴、小法兰（AZ）。
设计：带扭矩臂。
③ 换向器技术参数：
型号：KA9。
名称：换向器。
传动比：1:1。
安装方式：底角安装B3。
④ 联轴器技术参数：
联轴器型号：Centaflex-X-2。
额定扭矩：30N·m。
最大扭矩：60N·m。
最大转速：10000r/min。

联轴器型号：Centaflex-X-8。
额定扭矩：120N·m。
最大扭矩：280N·m。
最大转速：7000r/min。

⑤ 车体架车单元垂直升降减速电动机：
型号：SK4282AZG-100LA/4Bre40。
名称：平行轴斜齿轮减速电动机。
安装方式：M4。
电压/频率：3AC380V/50Hz。
额定功率：3kW。
输出转速：31r/min。
输出扭矩：924N·m。
绝缘等级：F。
防护等级：IP55。
润滑油：矿物油，ISOVG220。
制动力矩：40N·m。
制动电压/频率：220V，50Hz。

箱体：平行轴结构；空心轴、两端小法兰（AZ）设计；带扭矩臂缓冲块；手动释放；两端输出轴。

3.1.2　固定式架车机检修安全注意事项

固定式架车机在进行检修作业时，为保证人员及设备安全，检修人员必须熟知其检修过程中的安全注意事项，以避免安全事故的发生。以下总结的安全注意事项，仅供参考。

（1）进入架车机地坑进行检修作业前必须通风 20min 以上方可下坑检修；

（2）设备检修区域拉好防护带，放置好红闪灯；

（3）主电源开关已断开并挂"禁止合闸，有人工作"牌。控制钥匙开关处挂"禁止合闸、有人工作"牌，主控柜上级电源断开挂禁动牌；

（4）地面检修口盖板打开时两人同时进行，打开盖板或进出

检修口及时放置防护格栅,进出检修口使用铝合金梯;

(5) 地坑内检修平台的格栅打开后,在平台作业人员做好安全防护,上下承重平台检修防止跌倒及碰头;

(6) 在检修过程中,地面必需留有人员监护,操作人员和检查配合人员做好呼唤应答。

3.1.3 固定式架车机关键部件检修方法

固定式架车机在进行一段时间的运营使用后,需要进行一定程度的检修保养工作,一般情况下,检修保养工作可以分为:每日保养(日检),每月保养(月检),每半年进行一次保养(半年检),每年进行一次保养(年检),以下梳理出架车机部分关键部件检修方法,仅供读者参考,便于维修工作的开展。

1. 高韧度软轴(图 3.1-24)

(1) 橡胶部分平整没有拱起,轴向螺栓应该全部插入橡胶部分中并且可见的外露部分不超过 2 mm。

(2) 用内六角扳手轻旋轴向和径向螺栓,检查螺栓是否松动。

(3) 电动机与传动轴连接部分进行清洁并润滑。

图 3.1-24 高韧度软轴

2. 主齿轮箱(换向器)(图 3.1-25)

用白棉布擦拭主齿轮箱表面,检查是否存在漏油、渗油情况。

图 3.1-25　主齿轮箱

3. 减速箱

用白棉布擦拭车体/转向架电动机减速箱放油口，检查是否存在漏油渗油情况。

图 3.1-26 为车体电机减速箱轴，图 3.1-27 为转向架电机减速箱。

图 3.1-26　车体电动机减速箱轴　　图 3.1-27　转向架电动机减速箱

4. 润滑系统

如图 3.1-28，检查注油器。

（1）检查集中注油器油位是否在 1/2 以上，不足的需拧开注油器上端黄色盖子，添加壳牌 0 号锂基脂。

（2）检查注油器和油管是否漏油。

（3）检查注油器压力表是否正常。

（4）检查油集中分配器是否有漏油或堵塞现象，图 3.1-29 为集中润滑装置。

（5）用棉布擦拭油管接口位置，检查是否渗油或漏油，图

3.1-30 为车体单元丝杆润滑油管接头，图 3.1-31 为转向架单元丝杆润滑油管接头。

检查压力表是否正常

保证注油器油脂达到一半位置

图 3.1-28　检查注油器

图 3.1-29　集中润滑装置

图 3.1-30　车体单元丝杆润滑油管接头

图 3.1-31　转向架单元丝杆润滑油管接头

5. 螺母

(1) 检查螺母磨损开关固定外壳应低于安全螺母端面 0.5～1mm。

(2) 测量安全螺母与工作螺母之间的安全距离为 7～10mm，如果螺母耗损大于 3mm 时，安全螺母保护开关应触发，必须更换传动丝杆才能投入使用。

(3) 检查障碍物开关凸轮工作情况，按下时间继电器是否动作正常、灵敏。

(4) 检查障碍物开关和螺母磨损开关的固定螺栓是否有松动，如果有松动，需紧固。

图 3.1-32 为安全螺母限位开关。

图 3.1-32　安全螺母限位开关

6. 钢结构

(1) 检查钢结构是否有裂纹。

(2) 检查钢结构连接螺栓是否松动（图 3.1-33）。

3.1.4　固定式架车机常见故障及处理方法

本节主要介绍固定式架车机的常见故障及处理方法，见表3.1-2。

图 3.1-33 钢结构连接螺栓

固定式架车机的常见故障及处理方法　　表 3.1-2

故障现象	原因分析	处理方法
电动机声音异常	轴承间隙增大或轴承失效	检查轴承，必要时更换
	制动器未完全释放	调整制动器间隙
	电源与电动机不匹配	比较电动机参数与电源
	变频器参数设置与电动机不匹配	按照电动机参数设置变频器
减速电动机过热	加错润滑油	更换正确黏度的润滑油
	润滑油失效	更换新的润滑油
	轴承失效	更换新的轴承
	齿轮损坏	更换新的齿轮
	减速电动机表面灰尘太多	清洁减速电动机

续表

故障现象	原因分析	处理方法
减速电动机异常运行,噪声大,剧烈振动	油位过低	检查油位,及时补充润滑油
	润滑油中有杂质(不均匀噪声)	清洗减速电动机,更换润滑油
	轴承间隙增大或轴承失效	检查轴承,必要时更换
	齿轮损坏	检查齿轮,必要时更换
	紧固螺栓松动	旋紧所有螺栓螺母
	输入或输出轴上的载荷过重	检查载荷是否符合额定数值,并加以调整
箱体或电动机里漏油	实际安装位置与订货时要求不符	检查油位,并加以调整
	通气阀上的橡胶条未拔出,导致减速电动机内压力过大	拔出橡胶条
	通气阀上的通气孔被堵住	清洗通气孔
	油封、密封盖失效	更换油封、密封盖
	密封面螺栓松动	旋紧螺栓螺母
	轴磨损	更换轴或调整油封轴向位置
	密封垫破损或密封胶涂抹不均匀	更换密封垫或重新涂抹密封胶涂抹
	运输装配过程中箱体损伤	更换受损零件
	频繁的冷启动,减速电动机内润滑油产生大量泡沫	选用膨胀油箱
通气阀处漏油	油位错误	检查并调整通气阀及油位位置或加装膨胀油箱
	油被污染	更换新油
手控制器下降按钮不动作	FS2 线头松动	检查并紧固 FS2 线头
润滑系统油压异常	油质太稠	更换低黏稠度的 0 号锂基脂
系统无法正常上电	继电器-10K1 卡滞,导致安全继电器故障	检查并更换安全继电器

续表

故障现象	原因分析	处理方法
工作螺母检测开关触发报警	工作螺母检测限位开关卡滞	拆开限位开关调整间隙后报警解除
转向架减速箱晃动	调节联轴器与减速箱的水平度与垂直度不在同一条直线上	调节联轴器与减速箱的水平度与垂直度在同一条直线上
	减速箱与高韧度软轴的插销松动	紧固减速箱与高韧度软轴的插销
随盖板与固定盖板干涉并有异响	跟随盖板角度出现偏差	调平跟随盖板与固定盖板的角度
电铃不响	电铃的磁铁弹片卡滞无法正常吸合	将电铃卡滞的弹片恢复
转向架电动机异响	万向换向轴连接处一颗螺丝有松动	把松动的螺丝紧固

3.2 列车自动清洗机

3.2.1 列车自动清洗机的功能和各组成部分的名称

1. 产品型号及名称

（1）产品型号：JD-DT-02。

（2）名称：列车自动清洗机。

2. 简介

列车外皮自动清洗机（简称洗车机）用于南宁地铁1号线列车的外部清洗。洗车机采用列车自行牵引（带电通过），在洗车线上对列车两侧（包括车门和窗玻璃）、侧顶弧、车头及车尾进行洗刷的作业方式，清除由于列车运用和检修造成的车辆外部表面的灰尘、油污和其他污垢。

3. 性能参数

（1）洗车能力：4列/h。

（2）洗车运行速度：3.0km/h。

(3) 自来水耗用量：$0.35m^3$/列。

(4) 洗涤剂用量：0～8L/列。

(5) 系统工作气压：0.4～0.7MPa。

(6) 总功率：120kW。

(7) 电源要求：AC380V±10%，50Hz，五线制。

(8) 洗车库环境温度：不小于0℃。

(9) 循环水的利用率：80%。

(10) 洗车库的适宜长度：60m。

4. 总体结构

(1) 测速装置（二台）：

1) 结构：有两个相距1000mm的光电传感器，安装在立柱上，当车轮经过两个传感器的时间可换算成运行速度，再变为数字显示，在进库和出库各设有一套测速装置。

2) 功能：适时监控列车自运行的速度，当列车超速行驶时，洗车机操作人员通知司机按规定速度运行，以达到良好的洗车效果。

(2) 光电传感器（四组）：

1) 结构：立柱是100mm×100mm×2050mm方形型钢，共两个立柱，一侧安装光电开关的发射器；另一侧安装接收器。

2) 功能：进出库各一组用来控制洗刷设备的启动和停止，端洗位置的两组用来控制列车在端洗位置停车，并且判断列车是否停位准确。

3) 参数：欧姆龙（中国）型号E3Z-T61对射型一套，测距15m，IP67。

(3) 预湿喷淋管（一对）（图3.2-1）：

1) 结构：在立柱上装有两根不锈钢喷水管，喷回用水，在每根喷水管上装有4个扇形扁平喷嘴。

2) 功能：喷水预湿。

3) 参数：立柱为220mm×220mm×4310mm方形型钢，热镀锌喷塑。喷水管为不锈钢管、喷嘴为不锈钢喷嘴。

(4) 洗涤液喷淋管（一对）（图 3.2-2）：

图 3.2-1　预湿喷淋管

图 3.2-2　洗涤液喷淋管

1) 结构：与预湿喷淋管相同。

2) 功能：喷回用水，在主管内注入洗涤剂（酸、中性），均匀地喷在车体表面上。

3) 参数：立柱为 220mm×220mm×4310mm 方形型钢，热镀锌喷塑。不锈钢管、喷嘴为不锈钢喷嘴。

(5) 侧刷洗设备：侧刷组（四对）（图 3.2-3），侧顶弧刷组（两对）

图 3.2-3　侧刷组

1) 结构：刷滚装在一个可摆动的刷架上，驱动装置安装在刷滚上端；刷架转轴上装有一汽缸，可带动刷滚摆动 28°。中间有固定限位块和传感器，确保运行安全；在刷柱上有一根喷水管。

2) 功能：洗刷外皮侧面，由摆动汽缸推动刷架可适应不同型号的车宽洗刷，在保证吃毛量不变的情况下，可适应各种车型的宽度。

3）参数：刷毛展开直径：φ1220mm（侧刷组），φ1220～φ1620（侧顶弧刷组）。

刷组长度：3420mm。

刷轴转速：140r/min。

电动机功率：2.2kW。

汽缸：MBT63-200。

刷毛直径：1.0mm，断面为四棱形意大利进口。

吃毛量：100～200mm。

立柱：250mm×250mm×4310mm方钢管，热镀锌喷塑。

喷水管：不锈钢管。

（6）端洗仿形刷组（一对）（图3.2-4）：

图3.2-4 端洗仿形刷组

1）结构：有一沿纵向可移动的两轮单轨小车，上部有一天轨，通过四个方钢管固定架上下相连，小车有一变频减速电动机驱动运行。端刷安装在一个可旋转180°的转动架上，由摆动马达实现旋转，端刷后端连接减速电动机驱动刷轴旋转，在转动架上部有一减速电动机驱动链轮，可使端刷沿导轨上下移动。在转动架上装两根喷水管，每根管上装有3个喷嘴，并装有控制位置的接近开关。通过固定支架为移动车上提供水管、气管、电线、控制线，由拖链将管线引到小车上。

2）功能：可自动仿形洗刷各种车型的头尾端曲面，由端刷的水平运动和垂直运动来实现。停车洗刷端面，可自动寻找停车位置。通过摆动马达使转动架旋转90°带动端刷转出或收回，如有意外阻力，自动将端刷推回，可保护设备和车辆不受损伤。通过调整控制电流大小、阻力大小、气压等条件，洗刷时不会使车上的雨刷器损坏。

3）参数：

① 行走小车

行走减速机电动机功率：0.55kW，SEW。

② 端刷机构

刷毛展开尺寸：$\phi 920 \sim \phi 1320 \times 1800$mm。

刷轴转数：100r/min。

刷毛直径：1.0mm，断面为四棱形意大利进口。

吃毛量：100～200mm。

喷水管：2根不锈钢管。

减速机电动机功率：1.5kW，SEW。

摆动马达：MB200-270。

③ 提升机构

提升高度范围：900～4800mm。

减速机电动机功率：0.75kW，SEW。

(7) 清水喷水管（两组）（图3.2-5）：

1）结构：同洗涤液喷水管。

2）功能：喷出清水。

(8) 强风吹扫（1组）（图3.2-6）：

图 3.2-5　清水喷水管　　　　图 3.2-6　强风吹扫

1) 结构：由高压风机及立柱组成。

2) 功能：对清洗后的车体表面进行吹扫，将残留在车体表面的水吹掉，加快车体表面的干燥速度。

3) 参数：风机型号：10-18　N04A。

风量：1148m³/h。

风压：4374Pa。

电动机：3kW。

(9) 水循环及水处理系统

1) 集水坑：一个。

① 结构：混凝土池，内壁做防水、防腐处理，池内设置一个污水泵。

② 功能：用于收集洗车后的污水。

③ 参数：污水泵，型号：AP50B.50.15.3，$Q=28m^3/h$，$H=15m$，$P=2.2kW$。

2) 回收池：一个。

① 结构：混凝土池，池内有一污水泵。

② 功能：将洗车水收集于回收池内，再用泵定量送至沉淀池，水泵自动启停。

③ 参数：污水泵，型号：AP50B.50.15.3，$Q=28m^3/h$，

$H=15\mathrm{m}$,$P=2.2\mathrm{kW}$。

3) 沉淀池：一个。

① 结构：混凝土，由 3 个隔断组成，内壁做防水、防腐处理；开有溢流孔，以便排除多余的回用水。

② 功能：将洗车水按设定量加入沉淀池内，将杂质进行沉淀，上清液流入除油池。

③ 参数：污水泵，型号：QW50-20-15，$Q=20\mathrm{m}^3/\mathrm{h}$，$H=15\mathrm{m}$，$P=2.2\mathrm{kW}$。

4) 除油池：一个。

① 结构：混凝土，内壁做防水、防腐处理，池内设置一个污水泵，隔壁下部开有过流孔。

② 功能：经过沉淀池沉淀后的洗车水流入除油池内，将油隔留在池内，除油后的水从隔墙下孔流入生化池。

③ 参数：污水泵，型号：50QW20-15-2.2，$Q=20\mathrm{m}^3/\mathrm{h}$，$H=15\mathrm{m}$，$P=2.2\mathrm{kW}$。

5) 生化池：一个。

① 结构：混凝土，内壁做防水、防腐处理，隔壁上部开有溢流孔，最底层装有 24 个曝气头，距底 200mm 高有一格筛，上面一层填充塑料球。另有一风机向曝气头鼓风。

② 功能：将除油后的水进行生化处理，除去有机物等杂质，清水从隔壁上孔溢流进生化水池。

塑料球　$\phi 80\mathrm{mm}$。

曝气头　$\phi 215\mathrm{mm}$，24 个。

鼓风机：一台。

③ 参数：污水泵，型号：25QW8-22-1.1，$Q=8\mathrm{m}^3/\mathrm{h}$，$H=22\mathrm{m}$，$P=1.1\mathrm{kW}$。

6) 生化水池：一个。

① 结构：混凝土池，由一个隔墙分为两部分，内壁做防水、防腐处理。

② 功能：贮存生化水用，供机械过滤用。

③参数：污水泵，型号：格兰富DPK15.80.55.5.1D，$Q=67m^3/h$，$H=28m$，$P=5.5kW$。

7) 机械过滤器（包括过滤泵两台）两台（图3.2-7）。

①结构：两台全自动机械过滤器（多路阀采用美国进口），一台内填石英砂，一台内填活性炭。

②功能：两台串联，除去悬浮物和杂质等。

③参数：污水泵，型号：格兰富DPK15.80.55.5.1D，$Q=67m^3/h$，$H=28m$，$P=5.5kW$。

注：详细介绍见机械过滤器使用说明书。

8) 回用水池：一个。

①结构：混凝土池，内壁做防水、防腐处理。

②功能：机械过滤后的水存贮，供洗车回用中水。

(10) 供水系统

供水系统供给设备采用多级离心泵（图3.2-8）供水，压力和流量稳定，且可调。

图3.2-7 机械过滤器

图3.2-8 多级离心泵

1) 结构：洗车泵组由7台不锈钢立式离心泵组成。

2) 功能：供洗车喷水用，可调压调流量。

3) 参数：格兰富不锈钢立式离心泵，型号：CRN10-6，$Q=10m^3/h$，$H=48m$，$P=2.2kW$。

(11) 加药定量泵（图3.2-9）：2台隔膜泵

1) 结构：加药定量泵站，由隔膜泵、电接点压力表及药液管组成。

2）功能：为洗车提供洗涤剂。

3）参数：SEKO 定量泵，型号：PS1D038C，$Q=50\text{L/h}$，$F=8\text{MPa}$，$P=0.09\text{kW}$。

（12）压缩空气系统（一套）：

如图 3.2-10，压缩空气系统是刷组摆动的动力来源，空压机采用台湾复盛品牌螺杆式空压机，空压机带有冷干机，去除压缩空气中的水分。

气动元件采用日本品牌 SMC。

图 3.2-9　定量泵站　　　　　图 3.2-10　压缩空气系统

1）空压机：1 台。

参数：复盛双螺杆空压机，型号：SA08AF，$Q=1.1\text{m}^3/\text{min}$，$F=0.85\text{MPa}$。

2）储气罐：1 台。

参数：型号 JS-A，外形尺寸：$\phi 800\times 2407\text{mm}$，$F=1\text{MPa}$，$V=1\text{m}^3$。

3）二位五通电磁阀：14 个。

参数：型号：SYT7120-02，保护等级 IP65，使用压力 $0.15\sim 0.8\text{MPa}$。

4）气源处理元件（二联件）：14 个。

参数：型号 AC20A-02，调节压力范围 $0.05\sim 0.85\text{MPa}$。

（13）电气控制系统（一套）：

1) 控制及报警系统

控制及报警系统包括：操作台、控制柜、配电柜、监视器。

① 如图 3.2-11，操作台安装有 SCADA 监控系统、视频监视系统、指示灯和控制旋钮。SCADA 监控系统通过电脑与 PLC 通信，监控洗车机系统设备运行情况；视频监视系统使用高清晰视频球形摄像头，摄像头可以 360°旋转，实时监视洗车库内的情况；指示灯指示系统的工作情况及功能状态；控制旋钮根据功能的不同，可以发送相应的控制命令。

操作台分 4 个部分：主操作面板、1 号操作面板、2 号操作面板、3 号操作面板。其中，主操作面板主要用于洗车机操作模式选择，仿形刷组的启动，自动洗车时控制等。1 号、2 号、3 号面板主要用于手动调试。

② 主控制柜（图 3.2-12）为二组联体的电控柜，其中一个是为配电柜，另一个是控制柜。变频控制柜，变频控制柜内主要安装了一套 PLC 系统和 6 台变频器，分别控制端刷的旋转、行走和升降。

图 3.2-11 操作台

配电柜内主要是一级电源的输入，控制各个电动机的电源输入。

两个控制柜的结构为前后双开门结构，前后分别安装电气控制元件。每个控制柜顶部安有 4 台换气风扇，在前后控制柜内分别安装有检修灯，控制柜门打开，检修灯亮。

2) 闭路电视监视系统（图 3.2-13）

闭路电视监视系统包括监视器、带云台的摄像头、硬盘录像机等组成；视频监视系统使用高清晰视频球形摄像头，摄像头可以 360°旋转，实时监视洗车库内的情况。

图 3.2-12　主控制柜　　　　　图 3.2-13　洗车机的监视画面

闭路电视监视系统具有以下功能：

① 监控显示功能：工艺流程、设备运行状态、操作模式、报警等显示、画面调用等功能；能自动跟踪、自动监视、自动反馈、全方位监视设备各分系统组件运行和机车位置。

② 报警处理和报表生成功能：遇到故障能自动报警，通过监视器能准确报告故障发生部分和故障类型，以便操作人员能及时迅速处理故障，提高系统的自我维护能力。

③ 数据库存储与访问功能：通过 EXCEL 数据库自动记录和存储被洗列车车号、列车时速、开始时间、洗车时间等重要参数，并能调出历史数据库查看以前的洗车记录。

④ 确保运行安全：为了保证电气控制系统的可靠性，在关键元器件和系统组合上运用冗余设计和互锁、连锁原理，确保运行安全。

⑤ 有手动和自动功能：为了便于调试和检修，系统具有手动和自动的双重控制功能。

⑥ 精确的定位功能：变频控制系统精确的定位控制，端部刷组与端面方向定位功能。

⑦ 自动保存文件功能：系统连接 UPS 不间断电源，在停电和其他紧急情况下自动保存文件的紧急处理。

⑧ "紧急按钮"功能：在控制室洗车库两端设有在遇到紧急

情况下能停止所有设备的运行。

⑨ 接地保护功能：系统具有防雷电设计和良好的接地保护功能。

⑩ 智能保护功能：刷组、水泵电动有智能保护功能。

3.2.2　列车自动清洗机检修安全注意事项

列车自动清洗机是厂段四大设备之一，也是使用频率较高的设备，为的就是确保电客车保持外观干净整洁。当对其进行检修作业时，不仅要保证检修质量，更要提高作业效率，因此，对检修人员也具有一定的要求，本节主要介绍其在检修过程中的安全注意事项，总结内容如下：

（1）确认接触网两端隔离开关断开，并挂好接地线；

（2）设备检修区域拉好防护带，放置好红闪灯；

（3）作业过程中小心地板上的积水、油污、障碍物，防止滑倒、绊倒、踏空、当心坑洞；

（4）对水坑进行清淤作业前，必须通风 20min，并用气体检测仪检测水池底部含氧浓度，合格后方可进入作业；

（5）对空压机进行检修作业前，确认其无负载且无压力；

（6）作业完成后清理现场，拆除禁动牌，恢复设备初始状态。

3.2.3　列车自动清洗机关键部件检修方法

为了保证列车自动清洗机更好地用于地铁列车外部清洗作业，需定期进行检修保养工作。一般检修保养工作可以分为：每日保养（日检），每月保养（月检），每半年进行一次保养（半年检），每年进行一次保养（年检），以下梳理洗车机部分关键部件检修方法，仅供读者参考。

1. 接近开关

（1）检查每个立柱（顶弧刷、侧刷）有两个接近开关，一个工作位，一个休息位接近开关功能是否正常。手动操作将所有的刷组推出，查看 SCADA 监控系统中刷组的位置情况。查看是否存在刷组摆到位而 SCADA 显示不一致（图 3.2-14）。

(2)端洗龙门架光电开关有30个主要检查端洗时各工位是否完成到位。手动操作端刷挡块摆动和操作端刷上升及下降，查看相应的感应接近开关是否有红灯亮起（图3.2-15）。

图 3.2-14　侧刷接近开关　　　　图 3.2-15　端刷接近开关

开启洗车机，然后将洗车机的模式选为手动操作，手动摆出毛刷依次启动各个刷组，使之转动，检查各个刷组电动机和减速箱（图3.2-16）是否有异响、晃动幅度大等异常现象等。

2. 传动机构（图3.2-17）

图 3.2-16　电动机和减速箱　　　　图 3.2-17　传动机构

开启洗车机,然后将洗车机的模式选为手动操作,依次摆出启动各个刷组,使之转动,检查各个刷组传动轴及轴承是否有异响或卡住等异常现象。

3. 气动元件

气动元件包括端洗龙门架、侧刷、顶弧刷内部的气动三联件、电磁阀及手滑阀如图 3.2-18、图 3.2-19 所示,主要检查各气动元件是否漏气。

图 3.2-18 三联件

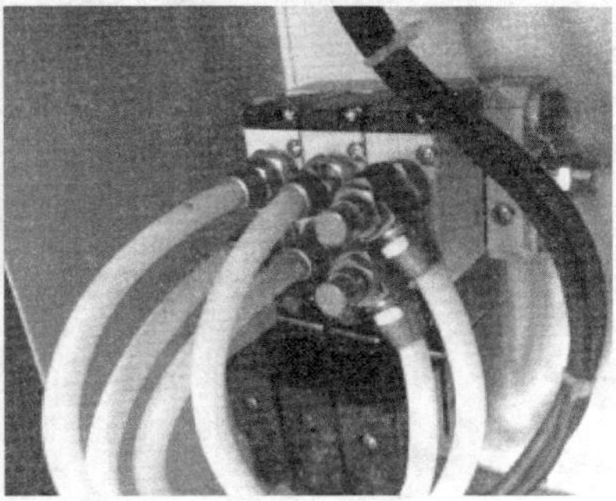

图 3.2-19 电磁阀

4. 防转销(图 3.2-20)

防转销与减速箱相连接,作用是平衡电动机动作时产生的反作用力,主要检查其是否紧固、缓冲橡胶是否紧固无脱落。

5. 急停按钮

紧急按钮开关位于清洗区域 6 个,控制室操作台 1 个,空压机 1 个,共 8 个,如图 3.2-21、图 3.2-22 所示。

图 3.2-20 防转销结构

(1) 检查各个急停按钮(共 8 个)外观是否异常,并用毛刷或者纯棉布进行外观清洁。

(2) 按下急停开关,查看是否有异常情况,并用万用表对急停开关出入线端进行测量,查看急停开关是否闭合。

图 3.2-21　空压机急停按钮　　图 3.2-22　清洗区域急停按钮

3.2.4　列车自动清洗机常见故障及处理方法

本节主要介绍列车自动清洗机常见故障及处理方法,见表 3.2-1。

自动清洗机常见故障及处理方法　　表 3.2-1

故障现象	原因分析	处理方法
急停故障	急停按钮被人按下	检查所有急停按钮
	程序自锁	PLC 断电后重新上电
	急停线路故障或急停按钮盒进水	检查急停线路
温度低	实际温度过低无法洗车	检查实际天气温度
	显示仪表设置被更改	检查温度显示仪表设置
	温度传感器故障	检查温度传感器
	传感器线路损坏	检查传感器线路
刷组不转	自动时刷组不在工作位不会旋转,手动无此条件	检查刷组是否推出
	自动时工作位接近开关必须检测到刷子才会旋转,手动无此条件	检查刷组工作位接近开关是否正常

续表

故障现象	原因分析	处理方法
刷组不转	可能电动机过热保护	检查断路器是否跳闸
	电动机烧毁	检查刷组电动机本身是否损坏
	电动机线路损坏	检查刷组电动机线路
刷组工作位与休息位无显示	刷组实际推出回位正常	
	有输入软件问题、无输入硬件问题	检查 PLC 实际有无输入
	工作位传感器损坏	检查刷组工作位传感器
	传感器线路损坏	检查传感器线路
	刷组实际没有推出回位	
	有输出硬件问题,无输出软件问题	检查 PLC 输出
	刷组气路电磁阀故障	检查刷组上气路电磁阀
	刷组气路故障	检查刷组气路
	控制线路损坏	检查控制线路
水泵无法启动	水泵过热保护	检查水泵断路器是否跳闸
	水池水箱液位低,自动洗车时水泵自动保护	检查水池或水箱液位
	补水罐无水自动洗车时水泵自动保护	检查水泵补水罐液位
	水泵电动机烧毁	检查水泵电动机好坏
液位低	实际没有水加水	检查水池实际水位
	浮球液位计干簧管损坏	检查浮球液位计
	传感器线路损坏	检查传感器线路
光电开关无显示	有输入软件问题、无输入硬件问题	挡住开关后检查 PLC 输入情况
	光电开关对位不正或光电开关损坏	检查光电开关
	光电开关线路损坏	检查线路

续表

故障现象	原因分析	处理方法
系统压力低	空压机电源断路器跳闸	检查空压机是否上电
	气路上手阀关闭或打开不彻底	检查气路手阀是否打开
	空压机本身故障	检查空压机本身工作是否正常
	压力传感器损坏	检查压力传感器是否正常
	压力显示仪表损坏	检查压力显示仪表是否正常
通信故障	过滤后报警消失后说明故障解除,过滤后报警还在说明没有消除	在 SCADA 报警画面过滤报警
	过滤后报警消失后说明故障解除,过滤后报警还在说明没有消除	设备断电后重新上电
	变频器通信参数被修改	检查变频器通信设参数设置
	PLC 通信参数被修改	检查 PLC 通信参数设置
	PLC 通信模块损坏	更换 PLC 与变频器的通信模块
	线路损坏	检查 PLC 与变频器之间的通信线路
	更换变频器	变频器通信故障
无法清洗准备	无端洗时端刷锁住、有端洗时端刷解锁	有无端洗条件与端刷锁互锁
	压力、温度低、急停按下无法清洗准备	压力、温度低、急停按下
	光电开关有遮挡无法清洗准备	光电开关有遮挡

3.3 不落轮镟床

3.3.1 不落轮镟床功能和各组成部分名称

1. 不落轮镟床主要结构

1号线 U2000-400M 不落轮镟床是由德国 HEGENSCHEIDT-MFD 公司生产的一种高性能的数控机床，适用于以下车辆设备轮对的测量及廓形加工。

（1）动车；

（2）转向架；

（3）客车；

（4）单个轮对；

（5）铁路货车。

机器的加工过程是半自动的，操作者通过中央控制面板进行操作，操作者的前方及顶部分别装有观察窗和防护盖，在方便操作者加工轮对的同时，还能为机床操作者提供防铁屑伤害的保护功能（图 3.3-1），操作的时候只需要一个人主操作，其余两个人协助安全监督和辅助操作。

镟床基本结构（图 3.3-2）：机器放置在轨道下面的深坑里面，主要由以下的几个部件组成：

2. 不落轮镟床技术参数

（1）出厂数据

机器设计名：不落轮镟床。

型号：U2000-400M。

机器号码：101725。

生产年份：2013 年。

生产厂家：Hegenscheidt-MFD GmbH &Co. KG, Erkelenz。

（2）机器数据

机器的全重：16000kg。

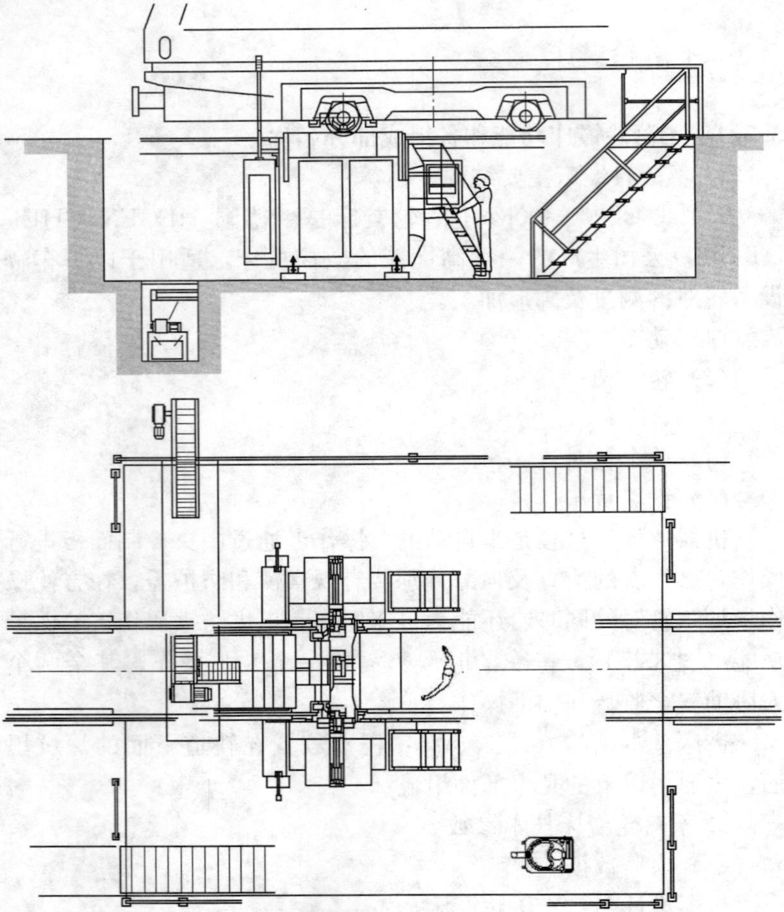

图 3.3-1　机床操作剖面图

固定机床平衡垫铁的数量：4 个

噪声功率级 LWA：100dB（A）。

发射声压级 LPA：79dB（A）。

声压级峰值 LPCPEAK：97.4dB（C）。

上述值均为验收时根据 DIN 45635 在制造商工厂中测得的，

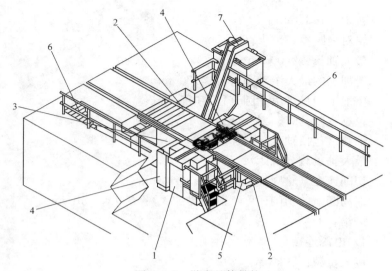

图 3.3-2 铣床整体结构
1—机座；2—轨道；3—液压单元；4—开关柜；5—主操
作面板；6—楼梯、围栏；7—排屑装置

在机床最终安装地点的测量值有可能有变化。

（3）主要技术参数

1）液压单元

容量：20L。

工作压力：5.5MPa。

油的型号：PG 46，ISO VG 46。

2）额定转速

驱动电动机：6500r/min。

进给电动机：3000r/min。

液压马达：1500r/min。

轨道设备：3000r/min。

水平轴向轮：1700r/min。

竖直轴向轮：1500r/min。

3）加工数据

轨距：1435mm。
轮对内距：1353+2mm。
最大轴长：2500mm。
要加工的最大滚动圆直径：1200mm。
要加工的最小滚动圆直径：375mm。
轮箍宽度：95～145mm。
轴长（包括轴承）：1600～2600mm。
最大轴负载（机床）：180kN。
切削速度（轮廓加工）：30～90m/min。
滚动圆上的切削速度（制动盘加工）：最大350m/min。
进给：0～5mm/转。

4) 电源连接

接入负载：80kVA。
工作电压：400V。
电源电压：380V。
电网电压容差：-6%～+10%。
电源频率：50Hz。
电网制式：TN-S。

5) 其他电压和频率

控制电压：230V/50Hz。
电磁阀电压：24V。
输入、输出端电压：24V。

6) 电动机功率

驱动器：4×9kW。
液压泵：4kW。
机器控制系统：SIEMENS Sinumerik 840 DE SL。

3. 镟床结构与工作原理

U2000-400M 镟床主要由轨道系统、轮对驱动系统、轮对装夹系统、滑架、刀具、测量和定位系统、电气控制柜、液压系统、排屑系统、排烟机 10 部分组成，各系统通过计算机数控中心（即CNC）、西门子S7-300PLC和其他电器元件控制各系统协调工作，完成轮对镟修任务。

镟床各系统分布如图3.3-3。

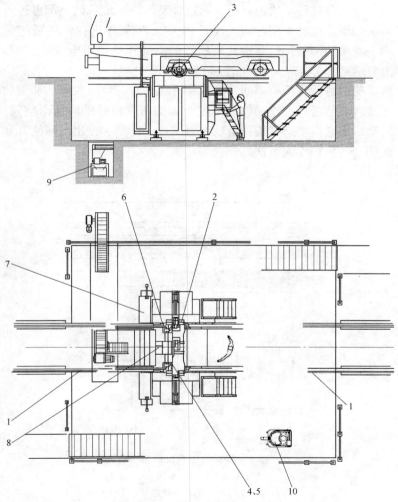

图3.3-3　镟床各系统分布图
1—轨道；2—轮对驱动装置；3—轮对固定装置；4—滑架；5—刀具；
6—测量和定位装置；7—开关柜；8—液压系统；9—排屑装置；10—排烟机

(1) 轨道系统

为了把车辆移入镟床，机器在两端设置一套移动轨道系统。轨道由两部分组成，一部分是与钢轨相接的，与普通 50kg 轨相同，一部分是移动轨道。轮对通过移动轨道系统从两端都可进入镟床，到达机器中间位置。（图 3.3-4）工作原理：轨道系统是一个焊接的钢结构，其中移动轨道的滑动连接轨由电动机控制，由前后两部分组成，用于连接镟床轨道中间部分。当车辆定位后，前部滑动连接轨缩回，滚轮座升起，顶起轮对脱离后部滑动连接轨，然后后部连接轨缩回，为加工切削轮对踏面留出空间。活动轨道通过传感器检测滑轨是否到位，缩回和伸出与滚轮升降连锁，防止操作人员误操作。

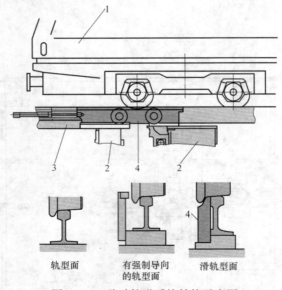

图 3.3-4 移动轨道系统结构示意图
1—车辆；2—机床；3—轨道；4—滑轨
注：只能以 5km/h 的最高速度开上轨道。

(2) 机座

坚实的机座用机床平衡垫铁固定在地基上并校准。机床部件固定在机座（图 3.3-5）上。

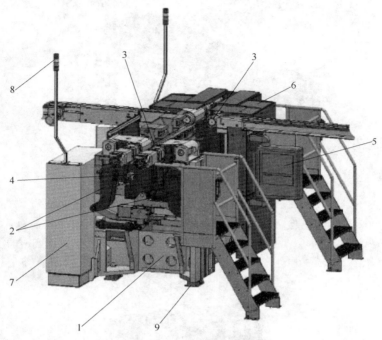

图 3.3-5　机座结构示意图
1—机座；2—回转装置；3—驱动轮；4—横梁；5—主操作面板；
6—挡板；7—开关柜；8—信号指示灯；9—平衡垫铁

（3）横梁

横梁用螺栓装在机架上，在加工过程中产生的力由横梁吸收并传给机架，图 3.3-6 为横梁结构示意图。

（4）轮对驱动装置

1）轮对驱动系统（图 3.3-7）

轮对固定和驱动通过在竖直方向浮动的摩擦轮驱动系统实现。用于传递功率的 4 个摩擦轮置放在轮架上，它们分别成对地安装在机床的两侧，分别通过一个异步电动机和一个法兰连接的减速器对每个驱动轮单独进行驱动。机架上的 4 个轮架置放在盘

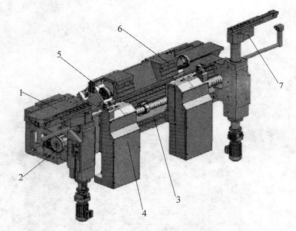

图 3.3-6 横梁结构示意图

1—横梁；2—轴驱动装置；3—线性导轨；4—滑架；5—轴向轮；
6—内轴承固定装置；7—外轴承固定装置

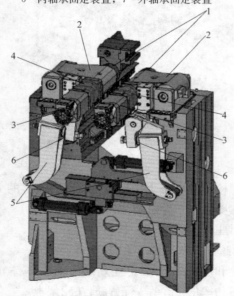

图 3.3-7 轮对驱动系统结构示意图

1—驱动轮；2—驱动轮摆架；3—三相异步电动机；4—减速器；
5—回转装置；6—盘形弹簧垫圈

形弹簧垫圈之上,彼此独立。由于这一结构,在抬起轮对时轮对重量对盘形弹簧垫圈进行额外预紧。该预紧使系统中轮盘和摩擦轮之间的附着摩擦力持续存在,由此摩擦轮可随着可能存在的不圆度和踏面擦伤同步运动。

在两个后驱动轮的对面分别装有一个侧压轮。通过同下面介绍的轮对对中法结合,具有最大的将轴负载转换为扭矩的能力,即可达到最大的切屑横截面积和最佳机加工精度。

若屏蔽保护装置,会有发生事故的危险!机床运行时绝对不能将手伸进滚轮区域,否则将很可能受伤。

2) 电动机/减速器

轮对由机体两侧的两个驱动轮驱动。驱动是通过一个变频调速三相异步电动机通过减速器和轴来实现的,如图3.3-8。

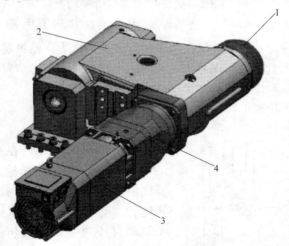

图3.3-8 电动机/减速器系统结构示意图
1—驱动轮;2—驱动轮架;3—三相异步电动机;4—减速器

(5) 回转装置(图3.3-9)

机体两侧各有一个通过液压缸运动的回转装置,用于转动两个轮架并以此在竖直方向对两个轮架进行调节。为使轮对提离轨道所需的轮架位置由限位开关来感测。为确保轮对离开轨道的距

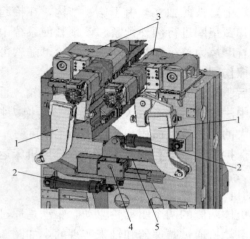

图 3.3-9 回转装置结构示意图
1—回转装置；2—液压缸；3—轮架；4—齿轮；5—回转装置

离为一特定的数值，应在两个提升缸上的压力保持恒定后再开始位置的测量。为实现两个轮架的同步移动，将回转装置的下手柄通过齿轮和齿条相互连接，从而实现强制同步。

如果轮架上行，轮对将从滑轨抬起 5~10mm。

(6) 侧压轮（图 3.3-10）

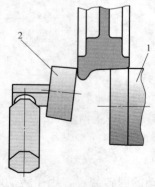

图 3.3-10 侧压轮示意图
1—驱动轮；2—侧压轮

为了使轮对对中，在后驱动轮的区域各装有一个侧压轮。导向轮径向的靠位通过一个电力驱动装置来进行。导向轮轴向的靠位通过一个驱动自锁式主轴的液压回转电动机来进行。通过主轴自锁，在整个加工过程中最大为 50kN 的永久压紧力发挥作用。

侧压轮轴向和径向的靠位如图 3.3-11。

(7) 轮对固定装置/下压系统

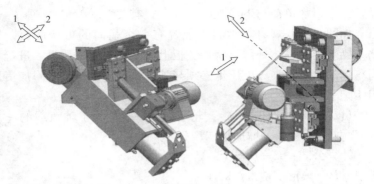

图 3.3-11　侧压轮靠位示意图
1—轴向的靠位；2—径向的靠位

为了取得最高机加工精度，轮廓修复时使装入轮对的位置相对于测量工具和车削刀具基准点保持恒定，十分重要。这一点可根据车辆和轮对结构类型通过轮对径向和轴向固定装置，优先通过其轴承箱和内轮箍表面或轴冲孔来实现。

除了轮对固定以外，所采用固定装置还可为较轻的车辆提高轴负荷，使这些车辆也可以大切削断面经济地进行加工。

图 3.3-12 为轮对装夹方式示意图。

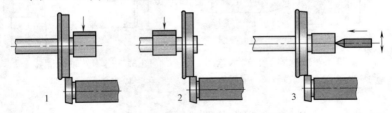

图 3.3-12　轮对装夹方式示意图
1—下压式外轴承固定装置；2—下压式内轴承固定装置；3—对中顶尖定心

1）外轴承固定装置下压式

利用外轴承固定装置（选项）可在加工轴负载较小的轮对时，使驱动轮以较大的力压在轮对上。同时，通过这一装置，轮对紧靠在轴承箱上，由此径向固定。提升缸通过驱动轮架和轮对压在外轴承固定装置上的附加负荷不允许超过每轮 70kN。同样,这个附加负荷与下压爪的设计形式有关。

如图 3.3-13,外轴承固定装置有一个径向的可调底板,根据车辆轴箱的具体外部形状,底板上可配置不同下压爪,进行不同车辆的轮对装夹。下压爪必须与轴承箱和需要加上的附加负荷相匹配。

负载计算(图 3.3-14):轮压紧力"P"等于轴负载的一半"P_1"加上轴负载的增加量"P_2"。

计算公式: $P = P_1 + P_2$

式中　P——轮压紧力,kN;

P_1——½ 轴负载,kN。

P_2——轴负荷增加量,kN。

在使用外轴承固定装置时,最大的允许压紧力为每面 70kN。

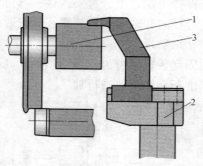
图 3.3-13　外轴承固定装置示意图
1—轴承箱;2—底板;3—下压爪

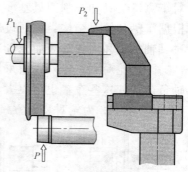
图 3.3-14　外轴承固定装置负荷示意图

2)下压式内轴承固定装置(图 3.3-15)

利用内轴承固定装置可在加工轴负载较小的轮对时使驱动轮以较大的力压在轮对上。同时,通过这一装置,轮对紧靠在轴承箱上,由此径向固定。提升缸通过驱动轮摆架和轮对压在内轴承固定装置上的附加负荷不允许超过每轮 40kN。同样,这个附加负荷与下压爪的设计形式有关。

内轴承固定装置由一个可水平调节的底座构成,它用于固定压紧箍、压紧钩或压紧螺栓。轴承箱的作用点取决于轴承箱的设计形式及车辆的结构形式。在手动安装完毕下压爪后,通过提高驱动轮摆架的提升缸内的液压来施加附加负荷。

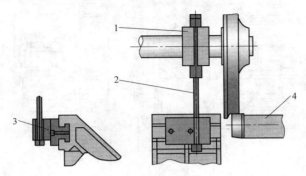

图 3.3-15 内轴承固定装置负荷示意图
1—轴承箱;2—压紧箍;3—底座;4—摆架

(8) 数控车削滑架

车削滑架可按照加工要求沿纵向（Z 轴）和横向（X 轴）运动。刀架上安装加工刀具和测量装置。纵向滑座沿通过螺栓固定在横梁上的两根滚轮导轨滑移。由一个三相伺服电动机驱动。滚珠丝杆通过一根齿型皮带驱动。纵向滑座与滚珠丝杆之间通过一个预紧的螺母无间隙地连接。横向滑座也沿通过螺栓固定在纵向滑座上的两根滚轮导轨滑移。由一个三相伺服电动机驱动。滚珠丝杆通过一根齿型皮带驱动。横向滑座与滚珠丝杆之间通过一个预紧的螺母无间隙地连接,图 3.3-16 为数控车削滑架示意图;图 3.3-17 为滑架上的方向标定示意图。

(9) 测量和定位装置

1) 自动定位和磨损测量（图 3.3-18）

在每个横向滑座内都有一个液压驱动的可伸出的测量装置以测定轴向和径向位置和轮箍断面的磨损值。借助于此由两个不同的测量轮构成的装置可使车刀相对轮对自动定位。测量装置也用来测量轮对内距、轴向窜动和径向跳动。集成在测量装置内部的

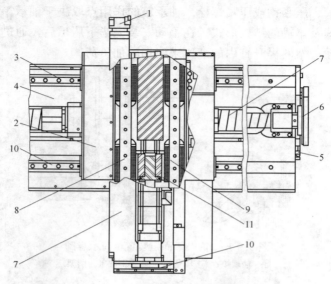

图 3.3-16 数控车削滑架示意图

1—刀具；2—纵向滑座；3—滚轮导轨；4—横梁；5—三相伺服电动机；6—齿型皮带；
7—滚珠丝杆；8—横向滑座；9—滚轮导轨；10—齿型皮带；11—丝杆

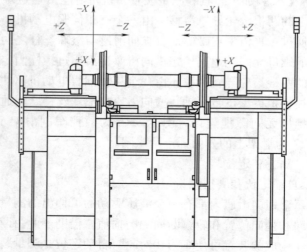

图 3.3-17 滑架上的方向标定示意图

磨损测量装置进行了适当的调整，可测出待加工轮对上轮廓特定点处的磨损量。将该磨损轮廓在控制系统中与参考轮廓进行比较即可在 CNC 显示屏上显示所需的最佳切削深度。该过程在预测量程序的范围内进行。

2）直径测量装置（图3.3-19）

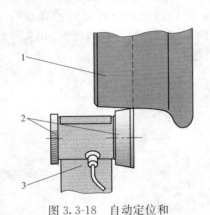

图 3.3-18　自动定位和
磨损测量示意图
1—轮对；2—测量轮；3—测量装置

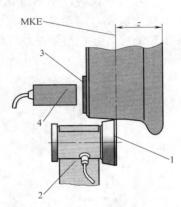

图 3.3-19　直径测量装置示意图
1—钢制测量轮；2—测量轮支架；
3—反射器；4—光栅

轮径是用经过淬火的钢制测量轮分别测量单个车轮圆周而确定的。测量轮转动直接传到一个旋转编码器上。测量轮支架固定在车削滑架上并以电动方式通过滚珠丝杆压紧在轮对上。在测量开始前，将反射器装在轮表面上与光栅同高的位置。必须在每个车轮的两面都装上反射箔。轮对的直径在由光栅计数确定的一定轮转数之内测量。左右车轮的直径测量结果将会在 CNC 屏幕上显示。左、右轮上滚动圆（MKE）与轮箍内侧面之间的尺寸"Z"必须相同。

3）轮廓磨损测量（图 3.3-20）

测量通过测量台上的两个测量轮进行。磨损轮廓上测量点的数目和位置是可选的。测定的值与 CNC 控制系统中允许用于轮廓修复的轮廓相比较，以确定需重新车削的直径。同时考虑到轴向窜动和径向跳动偏心距、踏面擦伤、轮廓的轴向位置以及需要遵守的轨距。这样即可根据所选的加工原理生成自动切削划分和进刀的值。可针对轨距或轮缘（针对轮廓）来计算。当轮对转动时，测量轮测定从轮缘顶点到踏面外缘的测量值。在特殊情况下，当轮对静止时，用测量轮测量轮缘背面（短途车辆）。测量轮支架集成在车削滑架中，可在 X 向以电动方式通过滚珠丝杆伸出和缩回，并在测量时相应进给。在缩回状态下，测量轮支架用一个柔性翻盖保护以防止碎屑进入。

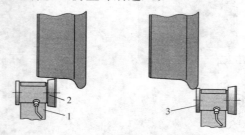

图 3.3-20　轮廓磨损测量装置示意图
1—测量台；2—测量轮；3—测量轮

（10）滑差监控装置（图 3.3-21）

滑差监控系统可以识别驱动轮的瞬间滑转。在切削力过大或车轮踏面脏污时便可能出现这种滑转。在此将驱动轮转速的额定值和实际值进行比较。左前驱动轮（S1）提供默认值和实际值，其余的驱动轮（S2、S3、S4）提供比较值。转速差会导致"进给停止"，接着滑架空转。允许的公差是制造商方设定的。

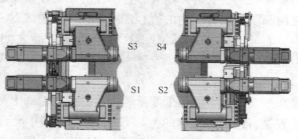

图 3.3-21　滑差监控装置示意图

(11) 电气设备和控制系统

1) 开关柜（图 3.3-22）

包括主开关在内的电气控制元件都装在装有空调设备的开关柜中。开关柜位于机床的后面。

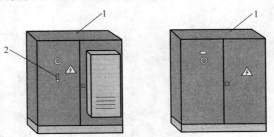

图 3.3-22　开关柜装置示意图
1—开关柜；2—主开关

2) 控制台和操作台（图 3.3-23）

机床有下列控制/操作元件：主操作面板、手持操作装置、扩展型操作面板。

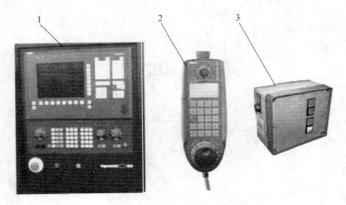

图 3.3-23　控制台和操作台示意图
1—主操作面板；2—手持操作装置；3—扩展型操作面板

(12) 液压系统（图 3.3-24）

液压设备包括用于供应液压油的液压单元和用于功能控制的

控制阀。液压单元与机床固定连接并安装在背面，位于两个开关柜之间。阀组直接安装在液压单元上。液压系统的范围和结构以及诸如额定压力设定等重要信息可在液压管路图以及维护说明中找到。

(13) 附加模块

1) 排屑装置（图3.3-25）

排屑装置在机床生产效益和日常的劳动消耗中扮演着重要的角色。供应商可以根据当地不同的条件相应提供各种不同的排屑装置。除了可自动从机床中将碎屑运走之外，利用内置于机床中的断屑器还可以将长铁屑切短。

图3.3-24 液压系统示意图
1—油箱；2—油位指示器；3—带液压泵的电动机；4—蓄能器；5—阀组

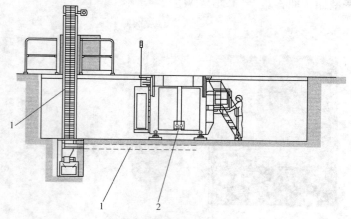

图3.3-25 排屑装置示意图
1—排屑装置；2—断屑器

2) 排烟机（图3.3-26）

排烟机的任务是吸除轮对加工时产生的烟雾。直接在机床的加工区域抽吸。烟雾颗粒通过机床中的吸槽和管路被吸到排烟机中。

（14）刀具

镟床有两套对称安装的刀具，每套刀具托上安装两粒SANDVIK GC4025 刀，车刀是标准的金属碳化物合金，而且切削表面可以可逆使用。根据加工面积，轮对廓形分为行车的表面不锈钢和后部轮缘面不锈钢两部分，刀粒 3 用于加工踏面和轮缘内侧，刀粒 2 用于加工轮缘外侧。切削过程中根据不同部分进行换刀，保证了较好的加工效果。

图 3.3-26　排烟机示意图

在加工过程中，必须保证清洁干净，包括刀座和切削刀具都需要清洁。刀粒型号可以根据加工面的形状、材料、精度、硬度、光洁度等要求进行选择。

刀具材料：刀具材料主要包括高速钢、硬质合金两大类。加工铸铁、淬火钢材料通常选用硬质合金刀片。被镟削轮对材料R8T，表面硬度 HB265～HB295（HRc27～HRc30），表面光洁度 $6.3<Ra<12.5$，加工这样硬度零件，尽量选硬质合金刀片。

刀具品牌：刀具供应商较多，目前世界上著名的品牌由瑞典的 SANDVIK、德国的 WALTER、以色列的 ISCAR、日本的 ZHUYOU 刀具，其中 SANDVIK 最好。SANDVIK 刀具设计在结构、寿命、切削效果上考虑得非常完善。SANDVIK 的 T-MAXP 车轮镟修刀具系统由刀座和刀片组成，其中包括轴向、径向安装刀片，使用和更换特别方便。

刀具牌号：镟修不同类型强度车轮需要不同牌号刀具。根据车轮磨损情况，SANDVIK，可提供以下刀具进行选择（表

3.3-1、图 3.3-27)。

表 3.3-1 刀具类型

精车(PF)	一般车削(PM)	粗车(PR)
LNUX1940-PF GC4015	LNUX1940-PM GC4015	LNUX1940-PR GC4015
LNUX1940-PF GC4025	LNUX1940-PM GC4025	LNUX1940-PR GC4025
LNUX1940-PF SH	LNUX1940-PM SH	LNUX1940-PR SH

图 3.3-27 刀具

SANDVIK 刀具型号说明：
LNUX1940-PM：4015。
L：刀片形状（方形、菱形）。
N：刀片后角（不落轮刀片无后角）。
U：公差等级（刀片后角公差，内切圆公差）。
X：刀片类型（刀片槽形即前角）。
19：刀片规格。

40；刀尖半径 $r=4$。

GC4015：硬度高，有良好的耐磨性，切削参数高，使用于大批大量生产。

GC4025：高韧度，低切削速度。使用于磨损严重车轮加工。

GC3015：适用于磨损、打滑，有剥落表面加工。

SH：无涂层牌号，使用于擦伤严重车轮的再加工。

PM：加工精度：按 ALSTOM 提供的车轮轮缘踏面图纸要求，选择不同加工精度的刀片。

SANDVIK 刀具按加工效果分精加工、半精加工、粗加工刀片。

PF：精加工。

PM：半精加工。

PR：粗加工。

通常选用 PM 半精加工（一般车削）即可。

3.3.2 不落轮镟床检修安全注意事项

不落轮镟床在进行检修作业时，为保证人员及设备安全，检修人员必须熟知其检修过程中的安全注意事项，以避免安全事故的发生。以下总结的安全注意事项仅供参考。

（1）作业前确认轨道区域无停放列车；

（2）确认主电路开关已断电并挂上"有人工作，禁止合闸"警示牌；

（3）在作业过程中小心设备上、地面上的积水、油污、障碍物，防止摔伤跌倒、踩空；

（4）作业时注意机械旋转部位，小心夹伤；

（5）作业时注意传送带及其他部位散落的铁屑，小心划伤；

（6）进行液压系统检修作业时禁止带压力作业；

（7）作业完成后清理现场，确认所携带的检修工具齐全，未遗留在作业现场。

3.3.3 不落轮镟床关键部件检修方法

为了保证不落轮镟床能进行正常的测量及镟修作业，需定期进行维修保养,一般情况下,检修保养工作可以分为:每日保养(日检),每月保养(月检),每半年进行一次保养(半年检),每年进行一次保养(年检),以下梳理出架车机部分关键部件检修方法,仅供读者参考,便于维修工作的开展。

1. 液压系统

(1) 检查液压单元液压油的油位,油位不应低于最低刻度线,如果不足加入 HLP46 或同类型的液压油,直到油位超过最高油位刻度线(黑线)和最低油位刻度线(红线)之间的 1/2(图 3.3-28、图 3.3-29)。

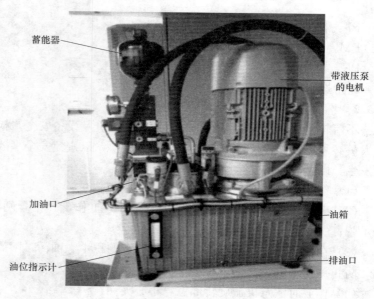

图 3.3-28　液压单元结构图

若需补充液压油,则按下面步骤进行。

1) 打开油位观察窗上方的加油口盖子(图 3.3-30)。

2) 用一字旋具松开固定进油滤芯的螺丝(图 3.3-31)。

3) 抽出进油滤芯,检查滤芯是否污脏,如污脏,则清洗或更换(图 3.3-32)。

图 3.3-29 液压站油位计

图 3.3-30 液压站加油口

图 3.3-31 进油口滤芯螺丝

4) 将进油滤芯安装回加油口。

5) 借助漏斗将液压油注入油箱,直到油位计中的液压油油位达到½时停止加油。

6) 将加油口盖子复位后用纯棉布清洁干净。

(2) 检查液压阀组表面

图 3.3-32 进油滤芯

是否有破损，灰尘，渗漏。

图 3.3-33　刀座和刀具

（3）检查液压管路各连接是否牢固，各管路接头无锈蚀、无渗漏。

2. NC 加工系统

（1）清洁刀座，检查其是否损坏，如有损坏则更换，刀座和刀具如图 3.3-33。

（2）清洁刀具，检查磨损情况，如磨损严重则更换（图 3.3-34）。

（3）清洁测量装置，检查其表面是否有变形清洁、破损、裂痕及运转是否灵活顺畅（图 3.3-35）。

图 3.3-34　清洁刀具

图 3.3-35　清洁测量装置

3. 机械系统

（1）检查驱动滚轮支撑臂是否有破损、裂痕，连接螺栓是否有松动，防松线清晰无错位驱动轮支撑装置如图 3.3-36。

（2）在镟床和液压站关机状态下，清洁滚轮表面油污，并加

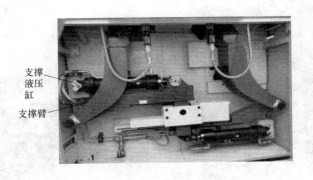

图 3.3-36　驱动轮支撑装置

润滑油,驱动滚轮如图 3.3-37。

(3) 清洁侧压轮,并检查是否损坏,损坏严重则更换(图 3.3-38)。

图 3.3-37　驱动滚轮

图 3.3-38　清洁侧压轮

(4) 检查滑轨螺栓紧固情况,如有松动,则紧固。

1) 使用内六角扳手松开滑轨防护罩的螺栓,移除防护罩,图 3.3-39 为防护罩

2) 对滑轨螺栓进行紧固,图 3.3-40 为滑轨。

4. 空调系统

清洁电器柜空调过滤网(图 3.3-41、图 3.3-42)。

图 3.3-39　防护罩

图 3.3-40　滑轨

图 3.3-41　空调过滤盖

图 3.3-42　空调滤网

5. 排烟系统

（1）检查排烟机管道、橡胶圈（图 3.3-43）是否有破损、龟裂。如有，及时更换或处理。

（2）检查吸尘器是否有损坏，如有，及时处理。用毛刷清扫吸尘器滤网的灰尘。

6. 排屑系统

（1）检查碎屑机运行是否正常工作，检查碎屑机刀齿是否有磨损，图 3.3-44 为碎屑机刀齿。

（2）检查排屑机构链条防护装置、输送板和链条是否有干涉、异响，图 3.3-45 为排屑系统。

图 3.3-43　橡胶圈

图 3.3-44　碎屑机刀齿

图 3.3-45　排屑系统

7. 急停按钮

检查所有紧急停止按钮功能是否正常（图 3.3-46～图 3.3-49）。

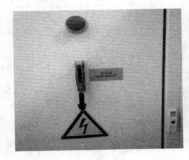
图 3.3-46　主电源柜上的急停钮

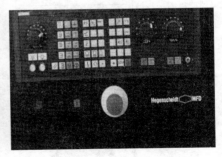
图 3.3-47　主控制面板上的急停钮

图 3.3-48 电器柜上的急停钮

图 3.3-49 排屑机上的急停钮

3.3.4 不落轮镟床常见故障及处理方法

本节主要介绍不落轮镟床常见故障及处理方法,见表 3.3-2。

不落轮镟床常见故障及处理方法　　表 3.3-2

故障现象	原因分析	排除方法
驱动电动机不启动	主开关未打开或紧急停止被激活	打开主开关,释放紧急停止
	控制电流保险丝烧断	更换保险丝
碎屑机能运行,但发出"轧轧"声	切削刀片之间润滑剂太少	在切削刀片之间进行润滑
	齿轮干了	在容器内再注入齿轮润滑脂,以使齿轮边缘覆盖有润滑脂
铁屑片过长	切削刀片刀刃变得圆滑	更换切削刀片
碎屑机被卡住,但没有粗糙碎片	在切削刀片之间存在游隙	更换切削刀片
	切削刀片磨损	更换切削刀片
机械驱动部件	耦合:未对齐,松动,发生故障	对齐,拧紧,更换耦合
	泵或马达松动	根据制造商规定的拧紧紧固

续表

故障现象	原因分析	排除方法
机械驱动部件	泵或马达发生故障	更换泵或马达
	旋转方向错误	调换电源的相序接法
吸油部件	油箱的油位过低	检查并修复缺油的原因,并加满油
	注油器被污染	清洁或更换注油器
	吸油管路堵塞,未紧固	清洁,密封吸油管路
	吸油过滤器堵塞或过小	清洁或更换过滤器
泵	泵密封件或泵发生故障	根据制造商规定更换泵密封件
	压力控制器系统颤动	检查控制器排气是否充足,以及基本设置是否正确
	对于具有蓄能器的机器,泵排出容积过低	检查泵或蓄能器,如有必要扩大泵或蓄能器
压力阀	由于设置错误导致流体噪声或颤动	根据电路图的规范更正设置
	操作压力过低	根据电路图的规格控制设置
	压力阀的设置错误	根据电路图更正设置
油	黏度过高(温度过低)	启机前,测量液压站温度,使用较低黏稠浓度的油
	油泡沫化(空气比例过大)	检查并排除空气进入故障
方向阀	阀芯位置错误(如无压循环,阀门未切换)	检查堵塞的插入式连接并更正螺线管的正确电流馈电
蓄能器	蓄能器的龙头已关闭	根据电路图,检查蓄能器控制块的滑阀位置,气体预载和设置
	预设气压不正确	
	操作及设置压力(如压力开关)不符合要求	

3.4 自动化立体仓库

3.4.1 自动化立体仓库功能和各组成部分名称

1. 总体概述

自动化仓储设备适用于铁路材料配件及零部件的存储、发放和管理；使材料配件的储运、领用、记转账、周转、点算、报废、报表等全部实现自动化处理；对材料配件的流向进行全方位、全过程的质量跟踪，对检修质量和资金占用情况等做到精确的分析与考核。

2. 设备结构原理

（1）设备组成

库内成套设备系统由单元式钢结构货架、有轨巷道堆垛起重机、入出库输送系统、货物托盘、集成化物流监控与信息管理系统、系统电控设备 6 大部分组成，图 3.4-1 为立体仓储整体图。

图 3.4-1　立体仓储整体图

（2）基本功能

1）入库、单元出库、单元拣选出库再入库；

2）手动、半自动、自动控制（机上自动控制、控制室自动控制）；

3）出入库设定、货格地址设定、控制方式设定；

4）自动认址、准确停位；

5）托盘货物外形尺寸检测；

6）作业状态的监视及显示；

7）故障的检测及报警；

8）安全、连锁；

9）库存、库位的管理；

10) 能实现用户编程的功能,即用户能根据使用需要在现场对控制程序进行修改。

(3) 入出库作业流程(图 3.4-2)

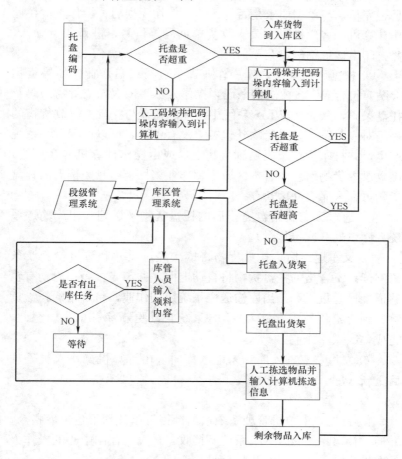

图 3.4-2 入出库作业流程图

1) 入库

① 首先,上位机管理系统通过接口系统下达入库货物收货信息(如果上位机系统暂时不能运行时,可以由模拟终端执行该

任务)。集成化物流管理与监控系统(简称 WMS)自动将收货信息转换成入库任务,并为入库操作计算机所识别。

② 货物运达后,操作人员首先进行验货,清点数量、包装是否完整,与单据要求是否一致等。一切无误后,操作人员在操作计算机(客户机)上录入收货单据号等信号,进行收货确认,并打印出该货物码盘菜单。

③ 根据码盘菜单,库房作业人员进行组盘作业。如果货物上贴有符合 WMS 要求的条码,操作人员将依次扫描货物条码及托盘条码,从而在 WMS 系统中建立起托盘与托盘上码放货物的一一对应关系。如果货物外包装上没有条码,可以由 WMS 系统产生,并打印货物条码贴到货物上,或由操作计算机(客户机)键盘录入货物信息。若本区域入库作业繁忙,组盘完毕后的托盘货物可在入库缓冲区暂存。

④ 通过叉车将组盘完毕后的托盘货物叉送到入出库输送系统入库口处(或授货台)。

⑤ 叉车退出后,托盘货物将依次经过尺寸和重量检测及条码阅读。不合格的托盘货物将自动退回,并声光报警;启动有轨巷道堆垛起重机和入出库输送机系统协调作业,将合格的托盘货物送到货架货位中存储,WMS 系统自动更新库存信息。至此,完成一次入库作业。

⑥ 发生"双重入库"未能入库时,由计算机操作人员处理后重新入库。

2) 出库

① 首先,上位机管理系统根据销售订单计划下达出库指令,并通过接口系统位 WMS 系统所接收,计算机控制中心的操作人员在操作计算机上进行出库确认。

② 控制系统接收到出库指令后,WMS 系统按照一定的出库原则(先入先出、指定出库等),启动有轨巷道堆垛起重机和入出库输送机系统协调作业,将所需托盘货物输送到需要的出库口处(直接送到授货台)。

③ 出库货物叉车卸货，WMS 系统自动更新库存信息。至此，完成一次出库作业。

④ 发生"空出库"未能出库时，由计算机操作员处理后再进行出库作业。

3）空托盘流程

出库后的空托盘在首先满足入库需要后还有剩余时，可按照货物入库流程进入货架货位中存储；当空托盘还不能满足入库需要时，现场操作人员可以通过 WMS 申请空托盘垛出库。

（4）单元式钢结构货架结构原理

1）结构计算

当货架结构采用普通型钢材料时，应符合《钢结构设计规范》GB 50017 的规定；当采用薄壁型钢时，应符合《冷弯薄壁型钢结构技术规范》GB 50018 的规定。

2）材料

货架结构中的主要承载结构件一般应采用《碳素结构钢》GB/T 700 中的 Q235-A 或 Q235-A·F。其钢材应保证抗拉强度、伸长率、屈服点和硫磷的极限含量。对焊接结构件尚应保证碳的极限含量。需要冷弯成型的构件还应具有冷弯试验的合格保证。

当工作环境温度等于或低于 $-20℃$ 时，承载的货架结构件必须使用镇静钢，其钢材在相应使用温度时的冲击韧度应不低于 $0.30 N·m/mm^2$。

3）货架载荷

分离式货架的载荷及装载率如表 3.4-1 规定。

分离式货架的载荷及装载率　　　　表 3.4-1

载荷的种类	装载率(%)
正常工作载荷	100
特殊载荷	80

整体式货架的载荷应按《建筑结构荷载规范》GB 50009 的

规定采用。

(5) 有轨巷道堆垛起重机结构原理

1) 主要结构

有轨巷道堆垛起重机主要由下列部件组成,见图 3.4-3 以双立柱堆垛起重机为例说明。

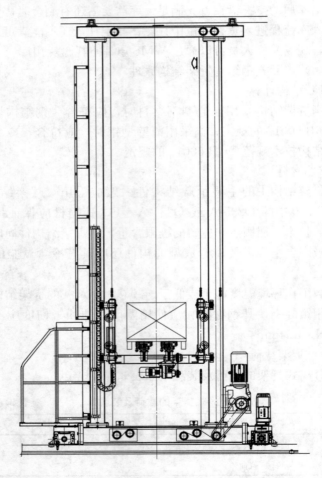

图 3.4-3 双立柱堆垛起重机基本结构图

① 立柱：采用矩形管结构，在立柱上安装有升降导轨，支撑升降台上下运动；

② 电控系统：包括地面电控柜、电动机驱动安装、通信系统、检测系统和机上布线等几个部分；

③ 升降台：钢板与钢管组焊而成，承载货叉，由导轮夹持升降导轨沿立柱作上下运动；

④ 货叉工作系统：在电动机驱动下由链齿条转动机构完成交替左右平移动作；

⑤ 升降驱动系统：升降驱动电动机通过链条传动完成升降台的升降运动；

⑥ 走行驱动系统：走行驱动电动机驱动走行轮使机器沿天地轨水平运动；

⑦ 底架：由底架支撑整个机器，走行轮安装于两端。

2）工作原理

在立柱顶部和底架上分别装有一组及两组导行轮，分别夹持着天轨和地轨。走行电动机驱动地轨上的走行轮使有轨巷道堆垛起重机沿天地轨水平走行；系着升降台的提升链条，在提升电动机的驱动下，链条拉动升降台使其沿立柱两侧的导轨完成升降运动；升降台上安装有货叉，货叉电动机驱动链齿条传动机构，使叉体完成左右平移动作。有轨巷道堆垛起重机的走行、升降和货叉伸缩运动分别在电控系统协调控制下，完成本巷道对站台的货物的出、入库工作。

3）动作实现原理

① 水平运行装置（图 3.4-3）

主要是由负责水平走行的底架上的两个走行轮支承机器前后运行，两走行轮附近分别设有夹持地轨的两组导轮和在顶梁上的夹持天轨两侧的导轮共同防止有轨巷道堆垛起重机左右偏摆，使有轨巷道堆垛起重机沿天地轨方向运动。有轨巷道堆垛起重机走行是由装在后走行轮轴上的带制动器减速电动机驱动。有轨巷道堆垛起重机的激光测距装置用于反馈有轨巷道堆垛起重机实际走行位置。当有轨巷道堆垛起重机走行时,电控系统就可随时通过激光测距装置的反馈信息按照设定的运动方式监测及控制走行电动机工作,实现电控系统对走行电动机的启、停及制动定位控制。

② 升降运行装置(图 3.4-3)

以立柱侧面的两导轨为导向,升降台的导向轮就夹在两导轨上,以保证上下运行。由减速电动机驱动链条拉动升降台上下运动。以激光来进行升降台上下实际位置的定位。当升降台升降时,电控系统就可随时通过激光测距器来监测和指挥升降电动机工作,实现电控系统对升降电动机的启、停及制动定位。

③ 货叉机构(图 3.4-4)

由减速机驱动一个链齿条机构,使得中叉和上叉体左右伸缩,叉取或存放轴承。货叉中位及上叉体的左右定位都由减速电动机的输出轴端上的旋转编码器来执行,并可进行货叉实时运动检测,同时中位的接近开关检测有没有到中位,在货叉两端装有两极限位开关保护货叉运行不超过极限位置。

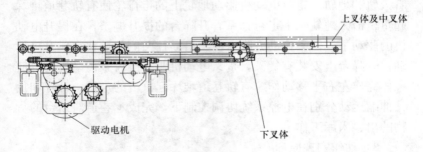

图 3.4-4 货叉机构图

④ 货物状态检测保护装置(图 3.4-5)

货格虚实探测:装在升降台上的 1 个漫反射式光电开关,随时可向控制系统传递货格内有无货物的信号,使控制系统能知道是存、还是取,或者是已有货不能存的故障信号。

台内检测是:是通过装在升降台的两对对射式光电开关对在升降台上的货物进行位置检测。

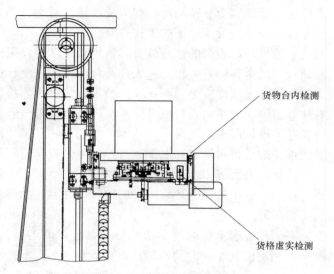

图 3.4-5 货物状态检测图

⑤ 安全防护系统（见图 3.4-6）

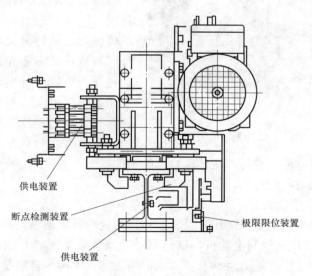

图 3.4-6 安全防护系统图

存取货物运动安全互锁功能：存取货物运动对走行和升降两种运动互锁，保证三种运动下的工作安全。

有轨巷道堆垛起重机的走行或升降认址系统在两极限位置都装有减速片，通过检测开关检测进入作业危险区的速度状态：检测进入该区的运动速度应是递减状态，否则，将报警停机。

有轨巷道堆垛起重机走行或升降系统设有极限限位装置，以限制有轨巷道堆垛起重机正常工作范围，当超出正常工作范围的有轨巷道堆垛起重机将被装在底架或升降台上的安全行程开关紧急制动并停止。在低速状态紧急制动的滑移段大于 100mm 后，如果还不停止，可由装在天地轨末端的橡胶缓冲器止动有轨巷道堆垛起重机或升降台。

有轨巷道堆垛起重机的制动系统分 3 部分，即走行、升降、货叉机构的制动由其驱动电动机制动器完成。

⑥ 红外光电通信系统（见图 3.4-7）

与上游计算机的通信，是通过装在有轨巷道堆垛起重机底架上的红外光电传输头，与装在地面零位站台前的另外一个红外光电传输头互相通信。上游计算机通过它向有轨巷道堆垛起重机传送命令，有轨巷道堆垛起重机通过它向上游计算机传递自己的工作状态。

图 3.4-7 红外光电通信系统图

4）控制方式

① 手动方式

这种方式是人工用开关、按钮直接通断各驱动电动机（也可通过 PLC 来控制电动机，以达到手动操作依然平稳）来控制堆垛机的水平和垂直运动及货叉的伸缩运动；所谓半自动是指在手动方式下，堆垛机水平运行和垂直升降到达指定货位后，自动对准停车。该方式一般只在调试和故障时使用。

② 单机自动方式

单机自动是管理监控计算机与堆垛机通信出现故障,无法与堆垛机(PLC)间进行数据通信时采用的一种有限自动作业方式。通过在机上输入作业命令,堆垛机即自动完成一次作业,并等待下次作业。

③ 在线联机控制方式

管理计算机自动分配入出库货位地址,通过过程监控计算机发出作业命令,由光通信器将作业命令传输至堆垛机 PLC,自动控制堆垛机完成一次作业。并将运行过程及工作状态返回监控计算机,通过动态仿真实时显示在屏幕 CRT 上。

5)安全保护措施

① 运行轨道两端设液压缓冲撞头。

② 堆垛机两端设机械车挡和强行减速条。

③ 通电作业报警电铃和警示灯。

④ 堆垛机运行及升降行程两端均设强迫换速和强迫停止开关。

⑤ PLC 手动,可确保手动操作的平稳性,有利于保护托盘上的货物。

⑥ 载货台设有货架货位虚实探测器,避免"双重入库"和"空取货"及报警功能。

⑦ 在立体仓库的巷道入口及落地操作台需加装防护安全栏。

⑧ 货叉伸缩自动换速及伸缩超时保护。

⑨ 货叉行程两端机械挡块及微升降保护。

⑩ 载货台上设有托盘货物及货叉超差检测及报警装置。

⑪ 手动(半自动)、单机自动、联机自动只能选择其中一种方式。

⑫ 单机自动设定不妥(超范围)保护。

⑬ 有以下情况之一者,水平及升降动作将被锁定:

a. 货叉检测不在中位;

b. 托盘货物尺寸超差;
c. 货叉正在动作;
d. 垂直升降的安全保护系统被启动;
e. 载货台超过最高极限,启动了紧急极限制动开关断电停车;
f. 堆垛机运行到巷道端部触动极限开关;
g. 堆垛机紧急制动被启动。
⑭ 有以下情况之一者,货叉伸缩动作将被锁定:
a. 堆垛机行走货升降运行时;
b. 堆垛机在列或层的方向上停位不准;
c. 堆垛机紧急制动被启动。
⑮ 所有电动机过压、过流、过热保护及正反向互锁;
⑯ 接地(或接零)保护;
⑰ 堆垛机行走或升降启动后,在指定的时间内,如果计数值保持在启动前的数值不变,将给出作业未执行报警:
a. PLC 命令已下,电动机没通电;
b. 制动器损坏或粘连打不开。
⑱ 以下为设备在安全保护措施方面的设计举例。
a. 载货台货物姿态检测(图 3.4-8)。

图 3.4-8 货物姿态检测开关图

b. 货叉定位检测装置(图 3.4-9、图 3.4-10)
主要用来控制货叉右伸叉或左回中时定位信号。当出现货叉取放货物伸叉定位不准时要注意四个行程开关和两个货差定位光电开关;线路有无接触不良或断线。要定期检查其有无松动或移位,观察信号的变化。

右出叉到位行程开关　左右货位探测光电开关　两接近开关检测货叉是否居中　左出叉到位行程开关

出叉到位行程开关

(a)　　　　　　　　　　　　　　(b)

图 3.4-9　货叉定位检测开关

(6) 入出库输送系统结构原理

入出库输送系统的作用是将堆垛机出库送来的托盘送到输送链末端。该系统控制方式:可手动、自动操作,设有 3 个漫反射式光电开关。自动方式时,入口光电开关检测到入口有托盘,启动输送链,到出口定位停止。入口光电开关无托盘不亮黄灯,有托盘亮黄灯,三个光电开关作用依次是:入口定位、入口减速、出口定位(入口检测)(图 3.4-11)。

左右货位检测光电开关

图 3.4-10　左右货位检测开关图

1) 结构特点

① 辊式输送机辊子表面采用镀硬铬处理,耐磨性好,既美观又耐用。

② 各转弯交叉处均设置过渡导向轮,使托盘货物转弯时运行平稳。

3　岗位专业知识 ｜ 193

图 3.4-11　出入库光电开关图

2) 表面质量

① 前处理：酸洗和磷化；

② 涂装：静电喷塑（颜色可由用户指定），涂层厚度不小于 $60\mu m$；辊式输送机辊子表面采用镀硬铬防腐处理。

3) 驱动机构

链式输送机运行、辊式输送机运行、辊子升降台升降和运行的驱动机构均由带电磁制动器的交流电动机、伞齿轮减速器、联轴器和传动轴等组成。采用交流变频调速方式。

4) 控制方式

① 手动方式

在输送控制系统手操台上按下各段输送机运行按钮，即可控制其运行。该方式一般只在调试和故障时使用。

② 单机自动方式

单机自动是管理监控计算机与输送系统通信出现故障，无法与输送系统 PLC 间进行数据通信时采用的一种有限自动作业方式。

该方式下，只需在输送控制系统手操台的自动部分输入入库或出库及巷道号，整个输送系统便可完成入出库作业。

③ 在线联机控制方式

管理计算机自动分配入出库货位地址，通过监控计算机发出作业命令，输送系统 PLC 接到命令后控制各单机先后运行来完成入出库作业，同时进行托盘货物位置跟踪。并将运行过程及工作状态返回监控计算机,通过动态仿真实时显示。

5)安全保护措施

① 输送机两侧装有导向保护装置;

② 输送系统各端口设有机械挡块;

③ 输送系统各作业端口设有防撞护挡架;

④ 输送机动作与叉车叉子及有轨巷道堆垛起重机货叉连锁;

⑤ 输送机设有强迫换速与停止开关。

(7)货物托盘结构原理

1)构件材质

采用 GB 700 中的 Q235 冷轧薄钢板,经轧制组焊而成。卷边托盘的卷边材料用强硬度的钢丝网,所有托盘的平面需作凹凸处理,增加耐压力和防滑。

2)表面质量

① 前处理:酸洗和磷化;

② 涂装:环氧树脂粉末静电喷涂处理(颜色可由用户指定),涂层厚度不小于 $60\mu m$,表面质量达到《色漆和清漆 漆膜的划格试验》GB/T 9286 标准规定。

(8)物流管理系统设计原理

1)系统数据流

本系统主要由信息流和实物流两部分组成:

① 信息流:分为上、中、下 3 个等级,上级信息是策略信息、中级为经营管理信息、下级为物流作业信息。经营管理信息又分为物资进货管理信息、物资存货管理信息和常规作业管理信息 3 种。物流作业管理信息又分为入库管理信息、在库管理信息和出库管理信息 3 种。

② 实物流:包括物流作业和物流设备系统。其物流作业主要是进货、验收、入库、货架管理、拣选、分类、发送检查、装运、配送等作业流程;物流设备是根据物流作业流程的各环节配置的相应设备。

如图 3.4-12 所示,本系统的主要作业是物资的入库作业、物资在库管理和配件的出库作业。物资入库、出库作业时间一般较短，而物资在库时间较长，即在库管理时间较长。因此，物资在库管理是物流部门最重要的作业。在库管理包括储位管理、存取管理和补充配件作业等。系统将根据配件的特殊性和检修工艺的需要，对进入物流中的配件做出合理有效的规划和管理，包括如何处理、如何放置、放置何处等。

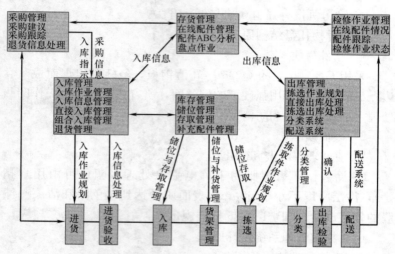

图 3.4-12 自动化立体仓储及物流管理系统图

2）物流网络规划

本系统物流网络规划是指物资从进入到段内流通域开始到检修作业为终点的整个流通渠道的结构。包括物流设施的类型、数量与位置，设施所服务的作业群体与配件类别，以及物资所服务的主体对象。

本系统网络规划以大量数据作为决策的基础，以下则列出了本系统所需数据的清单：

① 所有物资清单；

② 各修成修制对各种配件的需求量；

③ 配送时间、中转周期、物资保有率；

④ 物资的配套供应；
⑤ 仓储成本和利用率；
⑥ 网络中各节点的存储水平及控制方法；
⑦ 物资配送模式；
⑧ 在能力范围内的设备和设施的可用性。
3）基本流程
① 库存订货点（图 3.4-13）

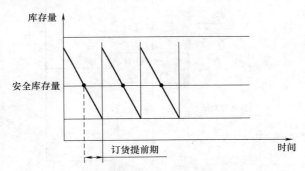

图 3.4-13　库存订货点

在本系统中，库存订货理论将被延伸为库存上、下限预警，即对各型物资设置上限库存量和下限库存量，使配件的供给能满足生产检修的需要，图 3.4-14。

② 闭环计算流程（图 3.4-15）

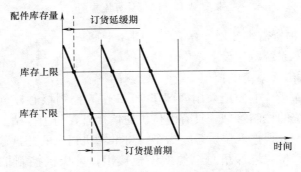

图 3.4-14　库存上、下限作用图

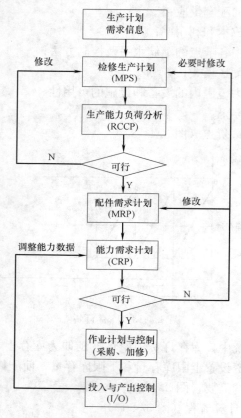

图 3.4-15 闭环计算流程图

③ 物资需求计划计算流程（图 3.4-16）

(9) 系统电控设备

1) 出库系统电控柜

出库系统电控柜采用西门子 PLC 作为控制核心，负责整个出库系统的控制管理，具有上位机通信接口，与工作站上位机系统联系。并根据上位机系统指令，将堆垛机送来的托盘输送到指定的出库位。堆垛机总电源从该柜接出，堆垛机控制柜图见图 3.4-17。

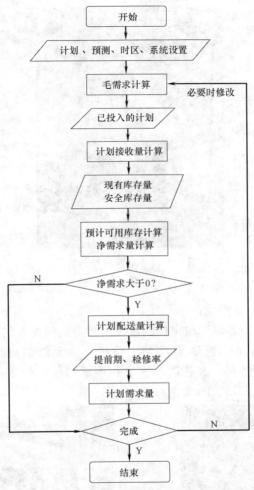

图 3.4-16 物资需求计划计算流程图

它主要有两种工作模式：手动、自动，正常使用由上位机控制时为自动模式，手动模式为处理故障时使用。控制模式旋钮在中间状态，出库系统不工作。

2) 出库系统远程 I/O

本系统用了远程 ET 站，它可减少导线提高可靠性。特别适

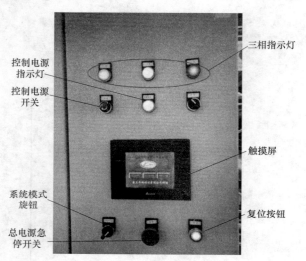

图 3.4-17 堆垛机控制柜图

合远距离控制（图 3.4-18）。

3）激光测距设备

激光测距是堆垛机定位的重要工具，它的光通信器是连接堆垛机的可编程控制器 PLC 与上位机出库系统的可编程控制器 PLC 的重要工具，其移动端安装在堆垛机上，固定端安装在地面，如图 3.4-19、图 3.4-20。

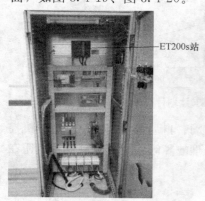

图 3.4-18 远程 ET 站柜图

图 3.4-19 激光测距移动端图

图 3.4-20　激光测距固定端图

4）变频器设备（图 3.4-21）

水平、垂直变频器，货叉变频器调速采用开关信号多段，速度控制变频器采用多段端子变频方式调速，各段速度合理预设

图 3.4-21　变频器图

5）PLC 设备（图 3.4-22）

PLC 是整个系统中的集中控制中心，所有的动作都是由它来控制，接收上位机或按钮信号来驱动所需要的动作，PLC 在

系统中相当于一个心脏的作用。

6) 屏控触摸屏 (图 3.4-23)

屏控触摸屏主要是起维修操作和监视窗口作用

图 3.4-22　PLC 设备图　　图 3.4-23　屏控触摸屏图

3. 设备主要技术参数

(1) 单元式钢结构货架

1) 基本参数

① 材质：采用 GB700 中宝钢产 Q235 冷轧带钢。

② 货架立柱：Ω 形，90mm×110mm，$\delta 2.0$mm。

③ 载货横梁：矩形，100mm×mm50，$\delta 2.0$mm。

2) 主要构件精度

① 货架片

a. 立柱全长调节孔距累计误差不大于±2mm，相邻孔距误差小于 0.1mm。

b. 货架全长尺寸极限偏差不大于 1mm。

c. 立柱片弯曲误差小于 1/1000 或 10mm。

d. 立柱与安装地面垂直偏差小于 1/1000mm。

e. 安全系数不小于 1.75。

② 载货横梁

a. 载货横梁长度尺寸误差小于 1mm。

b. 载货横梁装配后两端高低误差小于 1mm。

c. 承载最大载荷时载货横梁挠度不大于 $L/300$。

d. 安全系数不小于 1.55。

(2) 有轨巷道堆垛起重机

1) 主要性能参数

① 结构形式：双立柱，地面支撑，不带司机室。

② 立柱形式：矩形钢管。

③ 额定起重量：1000kg。

④ 水平行走速度：0～120m/min（变频调速）。

⑤ 垂直升降速度：0～40m/min（变频调速）。

⑥ 货叉伸缩速度：0～40m/min（变频调速）。

⑦ 控制方式：手动/单机自动/联机自动。

⑧ 认址精度：±5mm。

⑨ 通信方式：通过现场总线 Profibus 和红外光通信器，双向数据交换。

⑩ 供电方式：开式滑触线，AC380V，50Hz。

⑪ 噪声：≤75dB（A）。

⑫ 维修工作量：8h/(年·台)。

2) 电控系统参数

① 可编程序控制器（PLC）：Siemens S7 型。

② 编程语言：STEP 7。

③ 低压电气元器件：OMRON 和 Siemens 许可证产品。

④ 变频调速器：德国 SEW 公司产品。

⑤ 认址装置：激光测距仪德国 SICK 公司产品。

⑥ 其他检测：OMRON E3JK 系列。

3) 巷道有轨巷道堆垛起重机入出库作业能力

① 行走速度：$V_{行}=0$～120m/min（$V_{行max}=2.00$m/s）。

行走加速度：$a_{行}=0.4\text{m/s}^2$。
② 升降速度：$V_{行}=0\sim40\text{min}$（$V_{行max}=0.67\text{m/s}$）。
微升降速度：$V_{微升}=3.5\text{m/min}$（$V_{微升}=0.06\text{m/s}$）。
升降加速度：$a_{升}=0.4\text{m/s}^2$。
③ 货叉伸缩速度：$V_{升}=0\sim40\text{m/mim}$（$V_{升max}=0.67\text{m/s}$）。
伸缩加速度：$a_{升}=0.4\text{m/s}^2$。

运行加、减速度确定值符合《有轨巷道式高层货架仓库设计规范》JB/T 9018—1999。

(3) 入出库输送系统

1) 主要性能参数

① 出入库输送线。

② 最大输送载荷：1000kg。

③ 输送速度：0~16m/min，双向。

④ 控制方式：手动、单机自动、联机自动。

⑤ 运行跟踪方式：红外光电开关。

⑥ 通信方式：固定通信电缆。

⑦ 供电方式：动力电缆；AC380V，50Hz。

2) 电控系统参数

① 可编程序控制器（PLC）：Siemens S7 型。

② 编程语言：STEP 7。

③ 低压电气元器件：OMRON 和 Siemens 许可证产品。

④ 检测系统：OMRON E3JK 系列（日本）。

(4) 货物托盘

1) 外形尺寸：根据所承载货物大小或货格尺寸来定制。

2) 最大承载能力：1000kg。

(5) 集成化物流监控与信息管理系统

1) 操作系统：Windows 2000/2003 Server。

2) 数据库系统：Oracle。

3) 客户机/服务器（Client/Server）模式。

4) TCP/IP 网络协议。

3.4.2 自动化立体仓库检修安全注意事项

自动化立体仓库归属于物资部,主要用于物资的自动化存储,使用较频繁。进行检修及维护保养作业时,为保证人员及设备安全,检修人员必须熟知其检修过程中的安全注意事项,以避免安全事故的发生。以下总结的安全注意事项,仅供参考。

(1) 作业前确认设备主电源开关已处于断开状态,并挂上"有人工作,禁止合闸"警示牌;

(2) 按要求穿戴好劳保用品;

(3) 在作业过程中小心设备上、地面上的积水、油污、障碍物,防止摔伤跌倒、踩空;

(4) 作业时注意机械旋转部位,小心夹伤;

(5) 检修完进行试机测试时,禁止无关人员进入设备区域;

(6) 作业完成后清理现场,确认所携带的检修工具齐全,未遗留在作业现场。

3.4.3 自动化立体仓库关键部件检修方法

自动化立体仓库在进行一段时间的运营使用后,需要进行一定程度的检修保养工作,一般情况下,检修保养工作可以分为:每日保养(日检),每月保养(月检),每半年进行一次保养(半年检),每年进行一次保养(年检),以下梳理出立体仓库部分关键部件检修方法,仅供读者参考,便于维修工作的开展。

1. 光电开关(图 3.4-24)

清洁光电开关,检查其表面有无损坏并确保安装紧固、位置正确。

2. 货叉链条

(1) 检查货叉链条是否松弛。如有松弛,进行调整,调整后货叉链条由左端位、右端位回到中位停止,应左右对齐平整,如图 3.4-25。

(2) 检查穿梭车输送链条(图 3.4-26)及输送机链条(图 3.4-27)与链轮的配合,确保链条完全啮合在链轮上。

货物超高检测,一侧一对

货物超宽检测,一侧一对

检测载货台有无货物,共一对
检测货架上有无货物,一侧一个

图 3.4-24 光电开关

图 3.4-25 货叉链条

图 3.4-26 穿梭车输送链条

3. 电动机、减速机、制动器

检查各电动机、减速机、制动器(图 3.4-28)运行时有无异响和发热,橡胶圈如图 3.4-29。

图 3.4-27 输送机链条

图 3.4-28 制动器外形

4. 滚动轴承、导向轮（图 3.4-30）、行走轮（图 3.4-31）

检查堆垛机导向轮、滚动轴承的磨损情况，若磨损严重，应进行更换。

图 3.4-29 橡胶圈

图 3.4-30 导向轮

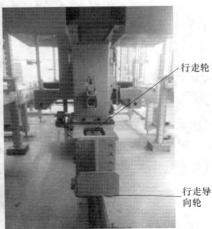

图 3.4-31 行走轮

5. 钢丝绳

检查升降钢丝绳与载货台上端的连接螺栓（图 3.4-32、图 3.4-33），是否松动或出现偏移，若发现偏移，应进行紧固，确保螺栓无松动。

6. 滑触线

检查堆垛机顶部滑触线及穿梭车地面滑触线（图 3.4-34、图 3.4-35）。

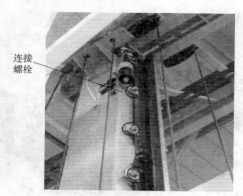

图 3.4-32　连接螺栓（一）

图 3.4-33　连接螺栓（二）

图 3.4-34　堆垛机顶部滑触线

图 3.4-35　穿梭车地面滑触线

3.4.4　自动化立体仓库常见故障及处理方法

本节主要介绍自动化立体仓库常见故障及处理方法,见表 3.4-2。

自动化立体仓库常见故障及处理方法　　表 3.4-2

故障现象	原因分析	处理方法
货姿异常	外形检测光电开关被异物遮挡	清除遮挡的异物
	外形检测链条被拉拽	恢复被拉拽的外形检测开关
	外形检测光电开关坏	更换外形检测光电开关
货物空出	取货货格内无货	检查输入的取货地址是否正确
	货格虚实检测光电开关未检测到货物	检查货格虚实检测光电开关位置是否偏移
	货物虚实检测光电开关坏	更换货物虚实检测光电开关
堆垛机重入库	放货货格内有货	检查输入的放货地址是否正确
	货格虚实检测光电开关检测到非货物物品	检查货格虚实检测光电开关是否损坏或位置偏移
货叉左限	左极限行程开关触发	将有轨巷道堆垛机初始化,然后恢复行程开关
	左极限行程开关位置发生偏移	恢复行程开关发生偏移的位置

续表

故障现象	原因分析	处理方法
货叉右限	右极限行程开关触发	将有轨巷道堆垛机初始化,然后恢复右行程开关
	右极限行程开关位置发生偏移	恢复右行程开关发生偏移的位置
货叉超时	货叉电动机故障	检查电动机异常,更换电动机
	货叉制动器故障	检查制动器,更换制动器
	变频器故障	检查并恢复变频器故障,必要更换变频器
	货叉碰撞货架	检查货叉碰撞情况,并恢复货叉初始状态
货叉中点	中位接近开关是否有故障	更换中位接近开关
	中位接近开关与感应块的感应距离过大	将感应距离调整到适当位置
	货叉变频器参数改变	调整变频器参数使定位稳定准确
任务超时	中控下达任务不完整	完善并下达完整的任务
	设备有故障	检查故障发生原因并恢复
堆垛机急停中	紧急停止按钮被按下	旋转释放急停按钮
	设备突然断电	检查断电原因并恢复送电
	通信系统丢失	检查通信丢失情况并恢复
堆垛机行走、升降、货叉电动机不动作	走行变频器故障	记下故障代码,参阅变频器说明书排除故障,按下变频器上红色按钮复位故障,非专业人员改变变频器参数可能导致变频器故障,致使设备不能正常运行!切记不可轻易改变变频器参数。
	升降变频器故障	
	货叉变频器故障	
前、后极限	前极限位置发生偏移	走行达到后极限行程开关位置,手动按前进按钮排除故障
	后极限位置发生偏移	走行达到前极限行程开关位置,手动按后退按钮排除故障

续表

故障现象	原因分析	处理方法
堆垛机升降超速	超速行程开关触发	检查超速原因,复位行程开关
	升降链条断绳	更换断绳链条
激光通信器故障	无电源供给	检查无电原因,重新上电
	地面与机上的激光通信器偏移	校准到地面和机上的激光通信器指示灯变为绿色
	激光通信器损坏	更换激光通信器
堆垛机上升限位触发无报警信息	程序无写入安全故障报警功能	联系厂家,重新完善安全报警程序
穿梭车接收到指令后,无动作	微控输入命令太多导致程序无法执行,穿梭车无法动作	删除多余的命令后,重新输入取货命令
托盘出库,在输送线上脱离轨道	摆放的位置不正确	在输送链条上加装防脱轨挡块
堆垛机开机光通信没信号	开机光通信与PLC模块相连接的网线松动	将相连接的松动网线紧固
货物入库故障	取货时货叉由于打滑而没取到货物导致有轨巷道堆垛起重机报空出故障	在上位机上取消清除有关命令后,复位故障,再重新开始

3.5 厂内专用设备

本章主要介绍 RTT-2000 公路、铁路两用车、模拟驾驶仪、轮对踏面检测系统等厂内专用设备的主要性能参数、检修安全注意事项及一些常见故障的描述,并对一些故障的处理方法。

3.5.1 RTT-2000 公路、铁路两用车

1. 公路、铁路两用车的概述

公路、铁路两用车主要用于电客车无动力情况下在不落轮镟

床上牵引、对位。公路、铁路两用车具有两种行驶模式，一种是公路模式，另一种是铁路模式。在公路模式下，该车通过橡胶轮进行转向、行驶。铁路模式下，该车通过两台电动机带动万向轴驱动四个橡胶轮同时动作，同时通过导向轮在钢轨上导向。

2. 主要结构及特点

(1) 公路、铁路两用车组成

车体：牢固的钢板焊接结构（钢板厚度30～60mm）。

控制：电气控制，可编程转换器；控制面板，带控制开关及控制灯；踏板及警示按钮。

灯：2个前灯：白色；2个后灯：白色，1个频闪灯：橙色。

驾驶室座椅：前后水平方向可调。

牵引车挂钩：配置适于牵引用挂钩。

制动系统：紧急情况及停车制动时用2个刹车装置制动于2个驱动马达。

液压系统：助力转向；导向轮升起及落下控制；带转换器的直流泵马达保证启动和停止平稳。

电气系统：驱动元件均置于电气柜中，电气柜设计在座位下面。控制面板安装在驾驶室操作面板上；防护等级：最低 IP 54，由防护盖板防护水与灰尘。

充电器：380VAC/(50Hz、25A)、48VDC 充电时间约6～8h；配置自动电池充电动机。

电量表：显示电池状况/电量不足时分析并启动电量低接触器，显示电量低。

注水系统：电瓶集中注水装置。

遥控装置：发射器（手持或背负）1个（配备2组电池、1个充电器及腰带）；接收器（置于驾驶室内）1个。

(2) 技术参数

轨距：1435mm。

整车重量：约 8500kg。

有效牵引力：25kN。

启动牵引力：35kN。
轨道牵引速度：0~3.0km/h。
公路行驶速度：0~5.0km/h。
单车牵引能力：不小于300t地铁车辆。
牵引时制动距离：不大于2m。
停车定位精度：不大于±20mm。
车轮形式（实心）：$\phi 660 \times 150$mm。
轨道轮（单边轮缘）：$\phi 280/340$。
驱动转弯半径：不大于3.0m。
电动机功率：18kW。
车钩中心距离：660~1050mm范围可调。
工作噪声：不大于60dB。
遥控距离：不小于200m。
外形尺寸：约3500mm×1750mm×1200mm（不含驾驶室）。

(3) 公路、铁路两用车的功能特点

1) 环保、高效率

公路、铁路两用车采用FAAM品牌集中注水铅酸蓄电池为驱动电源，无污染、零排放、维护量低。节约能源的同时，最大限度地减少了维修量，提高了设备的使用效率。随车配备自动高效充电机和蓄电池注水容器。充电电源380V、50Hz、25A，充电时间6~8h，充满一次电满载运行距离不少于10km，空载不少于18km。

2) 安全

① 公路、铁路两用车具备与各型不落轮镟床安全互锁功能，在进行牵引定位镟修作业时，公路、铁路两用车遥控控制单元与不落轮镟床系统将连锁保护锁定，确保公路、铁路两用车与不落轮镟床互不移动，保证镟修安全可靠，只有联动系统给出释放信号时才可以进行下一步工作。

② 公路、铁路两用车具备公路行驶和铁路行驶模式安全互锁功能，保证公路、铁路两用车在轨道牵引作业时，由于人员对

牵引车的误操作造成危险情况的发生，轨道牵引模式下牵引车方向盘锁定。

③ 公路、铁路两用车具备遥控驾驶与车上人工驾驶模式安全互锁功能，保证生产作业安全。

④ 公路、铁路两用车具备低电量保护功能，在蓄电池电量低于30%时，车辆自动减速停车，此时必须按住蓄电池低电量保护按钮，驾驶至指定充电位置充电，防止蓄电池过度放电，延长蓄电池使用周期。

⑤ 公路、铁路两用车共配置6个急停按钮，车体的四角、驾驶仪表盘和遥控器上各配置一个，保证在极端情况下，任何位置均可实现紧急停车操作。

⑥ 公路、铁路两用车的设计符合轨道牵引车标准设计制造，多方面确保安全性，设置频闪启动信号灯，蜂鸣报警器，多个指示灯指示运行状态，紧急情况和停车制动时2个刹车系统分别作业于2个驱动马达，保证牵引车运行的安全。

⑦ 公路、铁路两用车电气防护等级达到IP54，适应作业条件要求。

⑧ 公路、铁路两用车配置避免牵引车脱轨保护装置，牵引时有纠偏功能，传感器感知，防止牵引车脱轨。

⑨ 无线遥控采用的发射频率符合《微功率（短距离）无线电设备管理暂行规定》的有关规定，频率869.72~869.975MHz供选择，不干扰其他设备运行。

3）灵活机动、通用性强

① 公路、铁路两用车配备前后三点悬挂重载车桥，四轮驱动、无级变速，可正反双向牵引，且具备特殊蠕动速度控制功能。

② 公路、铁路两用车牵引车时可以通过道岔及弯道，具备10m内爬坡10%能力。

③ 公路、铁路两用车四轮均可左右转向。

④ 公路、铁路两用车两端均可配备车钩适配器，且高度在660~1050mm范围可调，配备地铁车辆车钩适配器，适应地铁

车辆的连挂要求。

⑤ 公路、铁路两用车可进行车上人工驾驶和遥控驾驶两种功能，遥控距离不小于200m。

4）坚固耐用

① 公路、铁路两用车整车采用30～60mm厚钢板整体焊接而成，并做防锈喷涂，整车使用寿命达30年。

② 采用德国原装进口特种材料制造的大直径实心钢制车轮，适用于不落轮镟床特殊窄轨通过条件，驱动轮如图3.5-1。

③ 蓄电池可进行不少于1500次的充放电，正常使用寿命5到6年。

（4）各组成部分

图 3.5-1　驱动轮

1）电源系统

由48V集中注水铅酸蓄电池组（24块单柱蓄电池组成）（图3.5-2)、电源逆变器、安全继电器组件和电源开关等组成。电源逆变器将蓄电池供给的直流电转换为交流电供给驱动电动机，将48V直流电转换为24V、12V等不同电压的直流电，供给电气控制系统，给公路、铁路两用车提供动力电源和控制电源。同时，

图 3.5-2　电池组

电源逆变具备过载、过热保护等相应的防护措施，保证电源系统的安全性。

2）电气控制系统（图3.5-3）

由工业可编程控制器、各种继电器、解除开关、急停开关等组成的电气控制盘和相应的操作面板（遥控器发射器的操作面板）功能键组成。通过预先编制好的程序和设定好的操作面板、各功能按钮及脚踏开关来操作公路、铁路两用车。

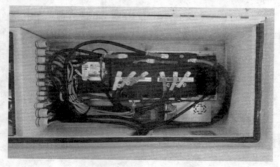

图3.5-3 电气控制系统

3）液压系统（图3.5-4）

由1台液压泵、电磁液压阀门（调压阀、截止阀、止回阀、三通阀等）、转向助力液压包、各类油管等组成。液压系统的主要功能是给转向助力提供动力，给前后导向机构的升降提供动力，系统具备液压锁定功能，安全可靠。

4) 遥控系统

由遥控器发射器、接收器及相应的电气控制模块组成。遥控距离一般不小于200m（图3.5-5）。

图3.5-4 液压系统

图3.5-5 遥控器

5) 悬挂及走行系统

由前后重载车桥、齿轮箱、联轴器、驱动电动机、驱动车轮以及相应的悬挂托架等组成。

① 轨道轮（图3.5-6）

液压起降钢轨导向轮，具有通过液压均衡压力调整信号，使轨道导向装置的前

图3.5-6 轨道轮

后导向轮在预给出的压力下落在轨道上的功能要求。配备多个上下限位、左右限位传感器，防止牵引车脱轨情况的发生。

② 充电动机（图3.5-7）

充电电源：380V、50Hz、25A，充电时间6～8h。

3. 检修安全注意事项

（1）确认公路、铁路车停放在不影响列车行车安全的股道，并在两端放置好红闪灯做好防护。

（2）确认公路、铁路车两端挂好"禁止动车"牌并按下急停按钮。

图 3.5-7 充电机

(3) 作业前确认公路、铁路车已断电,处于非激活状态并在主开关上挂好"有人作业,禁止操作"牌。

(4) 作业过程中小心地板上的积水、油污、障碍物,防止滑倒、绊倒、踏空。

(5) 按照要求穿戴好劳保用品。

(6) 作业完成后清理现场,确认所携带的检修工具齐全,未遗留在作业现场。

4. 常见故障及处理方法(表 3.5-1)

常见故障及处理方法　　　　表 3.5-1

故障现象	原因分析	处理方法
不重置	自检时间没到	关电源重试或重置 3s 以上
	紧急停止按钮被触发	释放紧急停止按钮
	紧急停止按钮常闭触点损坏	更换紧急停止按钮
	接触器辅助触点连接线松脱	紧固松脱的触点连接线
不行走	电池电量不足	按住低电控制按钮去充电
	在公路上,导向轨道轮没上升到位	将导向轨道轮上升到位
	上升限位开关没调整到位或损坏	调整上限位开关或更换限位开关
	在轨道上,前后转向中心指示灯不亮	调整前后转向到中心位置

续表

故障现象	原因分析	处理方法
液压系统	液压系统漏油	更换并紧固相应部件
	轨道轮抬不起	调节压力（0.35～0.4MPa）
前导向轮无法抬起	液压管中存有气体	将回油管排出少量液压油

3.5.2 移动式架车机（图 3.5-8）

1. 概述

移动式架车机组用于车辆段检修库内，由 4 台移动式架车机组成，每 4 台组成一个车位起升单元，可以单独使用 1 组满足 1 辆车的架车作业，是车辆拆装转向架或进行车下设备维修工作、更换作业的专用设备。

移动式架车机严格按照国家标准生产，保证设备的标准性和可靠性。移动式架车机电器设备采用先进的核心控制元件是西门子 PLC，通过严格全面的程序编制，保障设备的安全运转。

2. 主要结构及特点

移动式架车机由传动装置、机架、托架、控制台组成。4 台为一组，可进行单节车辆的同步举升作业。

传动装置：采用斜齿轮减速机直接传动承载丝杠旋转，通过承载螺母带动托架升降，减少了传动件，提高了传动效率。

机架：为双立柱箱形焊接结构；立柱上部顶板与减速机安装座用螺栓相连接成门式结构，立柱下部与底板、立筋板等焊接。立柱导轨面电火花淬火，以提高耐磨性，架车机动作时托架的滚轮沿立柱导轨上下滚动。

托架：由左右侧板、臂板、托头、横担梁、主螺母、保护螺母、滚轮等组成。托架直接承受机车载荷并通过承载螺母，丝杠旋转时带动托架上升或下降。

控制台功能包括 16t 架车机的同步控制，记数传感器的测量，记数传感器的故障检测，电气安全保护。

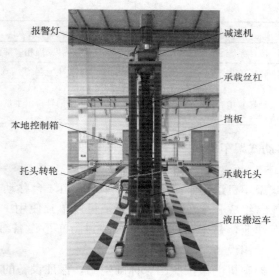

图 3.5-8 移动式架车机单体

3. 检修安全注意事项

（1）按照要求穿戴好劳保用品。

（2）作业前到 DCC 做好请点。

（3）确认设备断电，主电源开关上挂好"禁止合闸，有人工作"牌。控制钥匙开关处挂"有人作业，禁止操作"牌。

（4）作业过程中小心地板上的积水、油污、障碍物，防止滑倒、绊倒、踏空。

（5）作业完成后清理现场，确认所携带的检修工具齐全，未遗留在作业现场，并向 DCC 销点。

3.5.3 轮对踏面动态检测系统

1. 轮对踏面检测系统的概述

轮对踏面动态检测系统（以下简称系统）安装在机车、动车组或地铁车辆入库的线路上。系统采用非接触式图像测量技术，对地铁车辆走行部进行监测，并具备系统自检、数据通信及数据管理功能，自动判别通过车辆的轮缘尺寸超限、车轮直径超差、踏面擦伤故障、并能自动判别列车运行方向、自动识别列车车号、自动测速和自动计辆计轴。

2. 系统功能和技术指标

（1）轮对踏面检测系统的功能：

1）轮对外形尺寸自动检测：踏面磨耗、轮缘厚度、轮缘高度、车轮直径、轮对内侧距、Qr值、同一轴上的最大轮径差、同一个转向架上的最大轮径差和同一辆车的最大轮径差；

2）车轮平轮（擦伤、剥离）自动检测；车轮踏面擦伤监控：踏面擦伤会引起车轮振动增加，通过振动能量分析，报告踏面擦伤深度，若超标即报警，给出是否需要镟轮的建议，能及时检出轮对擦伤缺陷。并能将每测量点近两次的数据与前10次的数据进行比较，及时发现轮对状态的突变。轮对报警应分3种：状态突变、接近擦伤限度及擦伤；

3）视频图像（平轮）检测系统：通过振动检测出来的擦伤或玻璃能通过视频图像检测系统在终端反映出来，能反映一个轮对圆周的所有图像，方便用户进行观察判断平轮现象，给出是否需要镟轮的建议；

4）车号及端位自动准确识别（自动识别与手动输入车号功能应能转换）；

5）自动绘制车轮踏面外形曲线，并可实现超限报警显示；

6）具有检测结果存储、查询、统计、对比、打印功能，以及数据联网管理功能；

7）提供检测轮对技术状态的综合评价：报告超限车轮的超限数据及对应列车号的轴位、车轮位置信息。

（2）技术指标

1）轮对外形尺寸检测技术指标。

轮缘高度测量范围：25～40mm。

轮缘高度测量误差：±0.3mm。

轮缘厚度测量范围：20～40mm。

轮缘厚度测量误差：±0.3mm。

轮对内侧距测量范围：1345～1365mm。
轮对内侧距测量误差：±0.6mm。
车轮直径测量范围：600～1150mm。
车轮直径测量误差：±0.6mm。
Qr 值测量范围：0～13mm。
Qr 值测量误差：±0.6mm。
2）车轮擦伤检测技术指标。
擦伤深度测量范围：0～15mm。
擦伤深度测量误差：±0.3mm。
不圆度测量误差：±0.3mm。
3）列车通过速度：3～15km/h。
4）车号识别系统技术指标。
① 车载电子标签技术指标：
工作频率：902～928MHz。
工作温度：－25～+85℃。
适应车速：0～80km/h。
标签容量：128bits。
无源（射频激励馈电）。
② 地面读出设备技术指标。
工作温度：－25～+70℃。
工作湿度：95%（+40℃）。
供电方式：AC220V+10%，50Hz，大于100VA。
射频工作频率：910.100MHz、912.100MHz、914.100MHz 可选。
适应车速：0～300km/h（FM0 编码格式的标签）。
识别准确率：不小于 99.99%。
可维护性（故障恢复时间）：<1min。
可读取标签编码格式：FSK 编码、FM0 编码。
标签读出距离：径向（天线正前方）0～6m；侧向 0～2.2 m（距天线径向垂直距离 1m）。
网络接口：10M/100M Ethernet 接口，支持 TCP/IP 协议。

(3) 硬件系统

硬件系统是整个系统的根基，硬件系统按子系统分可分为车号识别子系统（包括地面天线）、轮对外形尺寸及内侧距检测子系统、车轮踏面擦伤检测子系统，按设备安装位置可分为轨行区设备、设备房机柜设备和终端使用设备。

(4) 设备

1) 轨行区设备

轨行区设备有车轮传感器、振动传感器、尺寸检测箱、直径检测箱、踏面灯箱、位移检测等设备。

① 车轮传感器即开机磁钢，被触发后设备会从休眠状态进入工作状态，所有子系统进入待测状态。离车磁钢计轴到24发送关机信号。如图3.5-9所示：

② 8个振动检测传感器，如图3.5-10所示，主要用于检测轮对踏面擦伤、裂痕。

图3.5-9 开机磁钢

图3.5-10 振动检测轨行区设备图

③ 车号识别如图3.5-11所示，它主要用于识别来车方向及车辆号。

④ 系统由2种轮缘尺寸检测箱组成，如图3.5-12、图3.5-13所示，它主要用于检测轮对轮缘高度、轮缘厚度、Qr值。

图3.5-11 车号识别

⑤ 2个直径检测箱平行安装在轨外侧两边，如图3.5-14所示，它主要用于测量轮对踏面圆直径。

图 3.5-12　轮缘尺寸检测轨行区设备图　　图 3.5-13　轮缘尺寸检测轨行区设备图

图 3.5-14　直径检测轨行区设备图

⑥ 2 个踏面箱分布在轨内侧两边，每个踏面箱内 12 台踏面相机，12 台相机依次追踪拍摄 30°轮对踏面，形成一个完整的圆周踏面图像。系统共需要 24 台相机完成全部轮对的图像采集，然后通过计算机视觉分析，获取踏面擦伤图像。如图 3.5-15 所示。

图 3.5-15　踏面检测轨行区设备图

⑦ 6 个位移检测箱分布在轨内侧，如图 3.5-16 所示，每个位移检测箱里面包括 1 条压板、1 个激光器传感器；它主要用于检测轮对的不圆度和擦伤深度。

图 3.5-16 位移检测箱设备图

2) 设备房机柜设备

设备房设备有工控机柜（图 3.5-17）和电气机柜（图 3.5-18），电气机柜里有 24V 高功率供电电源、计轴系统、车号识别系统、PLC、UPS 和电源控制开关。工控机机柜里有交换机、服务器、切换器和显示器。

图 3.5-17 工控机柜

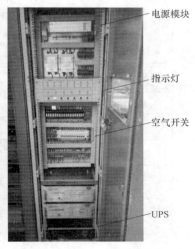

图 3.5-18 电气机柜图

3) 终端设备

终端设备是由 1 台 PC 机和声光报警器（图 3.5-19）组成，

图 3.5-19　声光报警器

主要功能是提供数据查询和告警提示的作用。

(5) 硬件系统

软件主要由 PLC 逻辑程序、MVS 图像采集程序、vision_GUI 图像算法程序、DPS 系统流程控制程序、DCS 数据管理程序、WEB 数据呈现与查询程序、VBS 振动数据采集程序和 PSS 位移检测程序、wheelsBruise 图像算法程序等组成。结构如图 3.5-20 所示。

振动	VBS 192.168.1.140	
直径1	主MVS_dial+vision 192.168.1.20	
直径2	从MVS_dial 192.168.1.21	
尺寸	DPS+MVS_MS+vision +vnc 192.168.1.112	交换机
踏面1	主MVS_sf 1 192.168.1.116	
踏面2	从MVS_sf 2 192.168.1.117	
踏面3	从MVS_sf 3 192.168.1.118	
服务器	DPS+DCS+WEB 192.168.100.18	
PLC	192.168.1.110	
客户端	windows7+IE8.0	

图 3.5-20　软件程序组成示意图

3. 检修安全注意事项

(1) 按照要求穿戴好劳保用品。

(2) 确认轨道区域无停放列车。

(3) 轨道区域两头放置红闪灯。

(4) 作业现场非作业人员离场并拉防护带。

(5) 确认设备主电源开关处于断开状态,并挂上"有人作业,禁止合闸"牌。

(6) 作业过程中小心设备上、地面上的积水、油污、障碍物等,防止摔伤跌倒、踩空。

4. 常见故障及处理方法(表 3.5-2)

常见故障及处理方法　　　　表 3.5-2

故障现象	原因分析	排除方法
视频打不开	视频软件未安装	安装暴风影音播放器
	未添加网站为可信任的站点	添加网站为可信任的站点
趋势分析图打不开	未安装 flash 插件	安装 flash 插件 Adobe Flash Player
系统未发现任何过车检测记录	前端系统不正常工作	检查系统前端系统不正常工作原因,并处理
	后端系统 DCS 不正常工作	登录服务器检查后端系统 DCS 不正常工作原因,并处理
监测站通信中断	网络异常,检测监测站 DPS 工控机运行未开启	通过 WEb 服务器端的远程唤醒软件"WakeMeOnLan.exe"软件可以对局域网内未开机的 DPS 工控机或视觉服务器进行唤醒
	通信接口连接不正常	重新紧固通信连接接口
DPS 掉线(通信中断)	监测通信状态正常,DPS 显示掉线	远程登录到检测站,查看工控机 DPS 是否正常运行
	DPS 没有启动	在任务栏"开始"、"所有程序"、"启动"下点击 DPS 运行起来

续表

故障现象	原因分析	排除方法
MVS_2D 掉线（通信中断）	DPS 工控机与 MVS_2D 工控机之间的通信状态不正常	检测两台机器之间的通信状况
	MVS_2D 未运行	重新运行 MVS_2D
相机掉线（通信中断）	找不着相机，相机供电不正常	检查相机供电缺电情况并恢复
	相机已存在,相机被其他程序占用	重新启动系统
浏览图片时图片偏暗	闪光灯损坏	更换损坏的闪光灯
列车通过时,灯光没有打开,而且此趟车没有图片传输	采集控制系统不工作正常	重新启动采集控制系统
	IP 地址不正确	更改 IP 地址
数据不能完成传输,在图片存储目录中有图片,未传输的状态	网络连接不正常	重新连接网络
	服务器自动关闭	重启服务器
网络连接正常,服务器系统运行正常,系统不能连接数据库或显示连接失败	SQL Server 服务器端关闭	重新启动 SQL Server 服务器
登录后首页看不到数据,无法进入子系统	IE 浏览器使用了兼容模式	将 IE 浏览器的兼容模式去掉
系统识别不到车号	列车未安装了电子标签或损坏	安装或更换电子标签
	车号识别装置损坏	更换车号识别装置

3.5.4 模拟驾驶仪

1. 模拟驾驶仪的概述

列车模拟驾驶仪是一个集教学、训练、考核为一体的实时仿真系统，满足城轨列车仿真培训的需求。系统以影像、图形图像、声音以及可沉浸其中的虚拟现实场景、模拟仿真设备为手段，逼真地实现列车操纵界面、操作显示设备、控制逻辑以及线路场景。系统的所有电气、电子、机械、气动系统的逻辑、关联与真实情况一致，可以全面、真实地模拟列车在各种运行环境下的运行状况、操纵特性、突发事件和列车事故。能够从视觉、听觉、体感、触觉等方面逼真地再现列车在不同情况下的运行状况，从而完成城市轨道驾驶员的演练、教学指导、教学管理和考核等功能。

2. 系统总述

（1）用途

列车驾驶仿真培训系统主要目的是使受训司机掌握一定的与驾驶列车相关的基础理论知识，让学员熟悉地铁列车基本设备、设备布局、工作原理等。通过该系统，学员可在教员的指导下自行进行地铁列车基本知识的学习。可锻炼学员的动手能力，将理论学习与实践操作结合起来，让学员熟悉地铁列车的基本操作规程，熟悉操纵台的仪表、控制器等设备的布局与功能，掌握正确、标准的操作顺序。通过该系统，学员可在教员的指导下进行轨道交通列车的基本操纵技能训练，熟悉基本操作规程与操作方法，可有效地提高培训效率。

（2）系统构成及布局

全功能模拟驾驶仿真器 1 套（含六自由度运动平台 1 套）；简易型模拟驾驶仿真器 6 套；学员主动观摩系统 20 套；教学设备（含投影仪、耳机等）1 套；教员监控系统 1 套。各功能房间通过网络进行控制连接，既能进行联动教学，又能各自独立教学，为教员教学提供灵活性，同时方便各设备进行独立维护，不影响教学。模拟器驾驶器前方为玻璃大窗，后方是观光走廊，为更多学员的观摩或接待参观提供了条件整体色彩搭配，综合考虑了房间地板与墙面颜色，以及地铁的风格，采用简洁的色彩主题保持整体协调与美观。如图 3.5-21 为系统整体布局图。

（3）分区主要设备用途及组成

1）设备间

设备间主要布置了系统供电配电柜、计算机、显示设备、操作设备等，其组成主要有：市电供电配电箱、UPS 电源主机、

图 3.5-21 系统整体布局图

UPS 电源蓄电池、设备柜。

2）全功能车体间

全功能车体间是全功能列车模拟驾驶操作运行的房间，主要设备包含运动平台及上舱体、登乘梯、空压机 3 大块，全功能模拟驾驶具备更深功能层次的培训，在操作视觉、声响、动感上与真实车辆驾驶保持一致，可使学员操作完全沉浸其中，达到快速培训新学员的目的。

运动平台及上舱体组成包含：六自由度运动平台、投影舱及检修门、仿真司机室车体、仿真电气柜、司机室门、PSL 操作盘、平台裙边走廊及配套使用的电子设备和音视频设备。全功能区图如图 3.5-22。

六自由度运动平台：

运动系统采用荷兰 E2M（在国内地铁行业已使用 3 台以上）生产的 eM6-640-3000 六自由度电运动，有效负荷 3t 的六自由度电动运动平台，并可满足模拟器主体及五名相关人员的承重要求，可以模拟纵向、横向、垂向位移及侧滚、点头、摇摆六个自由度的冲动、振动、持续加、减速度及其给人体类似实际情况的

图 3.5-22　全功能区图

感觉。

E2M 生产的 eM6-640-3000 六自由度电运动系统，能逼真模拟轮轨系统的垂向和水平振动、道岔冲击、车辆的制动与加速、曲线运行时的横向加速度、上下坡道的叠加等。提供纵向、横向、垂向上的位移及侧滚、点头、摇摆六个自由度的冲动、振动、持续加速度及其给人体如实际情况的感觉。

系统通过六个驱动缸的协调伸缩来模拟纵向、横向、垂向的位移及侧滚、点头、摇摆六个自由度的冲动、振动、持续加速度，以及六个自由度的复合运动，给予人体如真实列车运行的感觉，如图 3.5-23 包括：

① 垂向振动；

② 横向振动；

③ 纵向加速度；

④ 离心（向心）加速度；

⑤ 点头运动；

⑥ 摇头运动；

⑦ 侧倾运动；

⑧ 列车启动、停车和过道岔、过曲线时的运动。

另外，运动系统还对下述运行特殊效果进行逼真描述：

① 列车启动冲动；

图 3.5-23 六自由度电动运动系统

② 列车停车冲动；
③ 列车进入曲线横摆冲动；
④ 列车出曲线横摆冲动；
⑤ 列车通过道岔横摆冲动；
⑥ 列车过轨缝的抖动。

3）简易驾驶区（图 3.5-25）

简易驾驶操作是在全功能基础上的简化，仿真平台保留了与实车一致的模拟驾驶操作台及操作按钮等，可以培训学员基本的模拟驾驶操作技能，达到基本的培训目的。

本系统由 6 套基础型学员台、1 套基础型教员台组成。

4）观摩区

观摩学习区是学员进行培训的初步学习区，可以观摩全功能系统的操作实时视频，教员可同步对其进行讲解，让学员初步掌

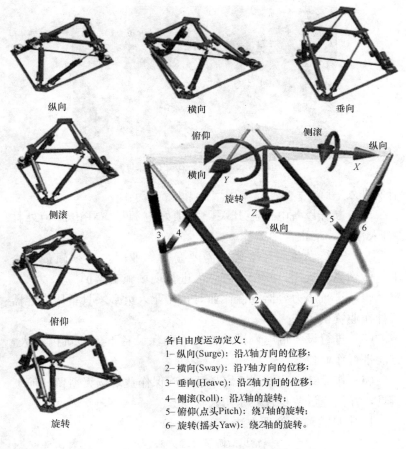

各自由度运动定义：
1—纵向(Surge)：沿X轴方向的位移；
2—横向(Sway)：沿Y轴方向的位移；
3—垂向(Heave)：沿Z轴方向的位移；
4—侧滚(Roll)：沿X轴的旋转；
5—俯仰(点头Pitch)：绕Y轴的旋转；
6—旋转(摇头Yaw)：绕Z轴的旋转。

图 3.5-24　运动平台的六自由度定义

握一些基本的理论知识，同时可结合提供的模拟驾驶软件进行实际的模拟驾驶，对驾驶有基本的概念认识及操作体验。

观摩区的组成：观摩区学员台、观摩区教员台、观摩投影仪、电动幕、观摩区机柜。

3. 检修安全注意事项

（1）在维护检修作业现场拉好警戒线，并挂好"正在作业，

图 3.5-25　简易驾驶区图

请勿进入"牌。

(2) 断开设备电源柜开关,并锁好电源柜,在电源柜外挂"有人作业,禁止合闸"牌。

(3) 进行设备顶部维修、需要登高作业时,必须佩戴安全带,做到高挂低用,并至少有一人进行现场施工监护。

(4) 进行压力容器维修作业时,作业人员必须具备压力容器特种作业资格。

(5) 进行设备带电调试检查时,确保设备下方地坑内无人,方能进行作业。

(6) 作业结束后做到工完场清,确保作业现场无遗留任何工器具,并检查设备是否还原初始状态。

4. 常见故障及处理方法(表 3.5-3)

常见故障及处理方法　　　　表 3.5-3

故障现象	原因分析	处理方法
画面分割器电源键无法开机	后部电源开关处于断开状态	检查输入电源,打开后部电源开关
	电源线没接好	确认电源线正常并已插好电源线
	整机柜插排无电	确认已正常上电,且电源柜机柜空气开关断路器未跳闸;插排指示灯亮

续表

故障现象	原因分析	处理方法
画面无显示	没有输入信号	检查输入信号线处于正常状态
	信号通道没有切换好(输入的DVI信号,通道选择在AV上)	将信号通道切换好
	DVIin 和 DVIout 接反	将 DVIin 和 DVIout 对换好
	显示设备未调整输入通道	将显示设备通道调试好
	输出为纯黑色背景	将输出信号调整好
	输出的 DVI 线损坏	更换输入的 DVI 线缆
遥控器或串口操作失灵	遥控器未对准红外接收器或距离太远	遥控器的遥控头位于机箱前面电源按键附近,必须在 1.5m 以为扇形区域操作
	控制软件没有打开串口或串口已损坏	检查串口的连接状态,或更换串口或主控电脑
	遥控器电量不足	及时更换遥控器电池
画面出现偏色	DVI 接口没有接好,松动导致接触不良	DVI 接口接好后并紧固
	DVI 线损坏	更换质量优良的 DVI 线材
	显示设备色彩调节不正确	参照显示设备的使用说明书,调节显示设备的色彩平衡
	使用控制软件调色过度	通过控制软件重新调整色彩和对比度
画面出现抖动或花点	DVI 线过长导致信号损失严重	使用质量稳定的信号延长器,保证最小受损
	输入信号源的设备不稳定或线材受损	调试好输入信号源的功能定义,并采用优质的 DVI 线材
画面在显示设备中不全,出现黑边	显示设备对信号好了后端切除	参照显示设备的使用说明,对显示设备做一次 AUTO
	控制软件调整图像的位置过多	通过软件控制,重新调整好图像位置,取得所需的效果

续表

故障现象	原因分析	处理方法
摄像机出现间歇性的重启	供电不足或夜间红外灯开启,功率增大,容易出现供电不足	保证摄像机的供电电压达到标准电源的±10%,并且适配器的功耗需要满足摄像机的要求,并且有一定余量
电动推杆电动机不转	电动机未通电	检查接线及电源,查明是否有相应的电压送到电动机上
	电源线有虚接或缺相,或过载	检查电源线路是否有缺相或虚接现象,减载
	过载,设备及推杆的安装有卡滞	减载,重新调整端接头及尾位置

3.6　厂内机动车辆、桥式起重机

本章主要介绍蓄电池搬运车、蓄电池叉车、内燃叉车、起重机等设备的主要性能参数、检修安全注意事项及一些常见故障的描述,并提出对一些故障的处理方法。

3.6.1　蓄电池搬运车

1. 蓄电池搬运车的概述

蓄电池搬运车是由蓄电池(电瓶)提供电能,由电动机(直流、交流、串励、他励)驱动的纯电动机动车辆。蓄电池搬运车主要用于工厂、港口码头、物流库房等搬运货物之用。电瓶车使用寿命一般为8~12年,其蓄电池使用寿命一般为1~4年(视使用维护情况)。

2. 蓄电池搬运车各部分组成及功能

蓄电池搬运车各部分组成及驾驶室见图3.6-1、图3.6-2。

(1)驾驶室:敞篷式。

(2)车架:由4根纵梁和若干横梁组成。

(3)动力蓄电池:均由若干一定容量的单体铅酸蓄电池组成。所有的单体蓄电池均放在电池箱内,电池箱拆装方便,且安

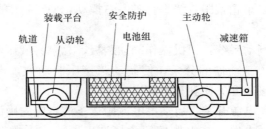

图 3.6-1 蓄电池搬运车

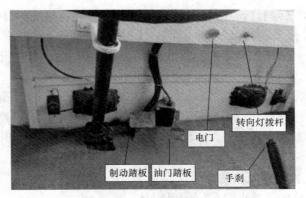

图 3.6-2 驾驶室

装位置不影响整车的通过性。

(4) 驱动装置：主要由直流电动机、减速箱、传动轴、驱动桥及车轮组成。由于 BD 系列蓄电池固定平台搬运车，均采用电动机作动力，蓄电池作能源，故其结构与内燃机汽车有所不同，驱动装置传动流程图，见图 3.6-3。

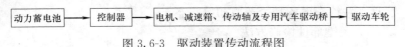

图 3.6-3 驱动装置传动流程图

(5) 转向机构：司机转动方向盘，方向机的扇形块在垂直面内摆动，同时带动直拉杆前后移动，直拉杆的另一头，连接在转向节的一个臂上，因而使转向节左右移动。转向节和轮壳连接在一起，所以车轮就跟着绕垂直轴左右摆动，使运行中的电瓶车左右转弯。

（6）制动系统：司机操作制动踏板，总泵将液压油压入后桥上左右两个制动器的分泵，使制动蹄挤压制动鼓，产生制动力矩，同时接通开关使刹车尾灯启亮。

（7）总电源开关：启动蓄电池搬运车前，应先确认总电源开关是否接通电路，往上拨按钮为接通电路，往下拨按钮为切断电路。

（8）转向灯：左转时开启左转指示灯闪亮，右转时右转指示灯亮。

（9）驻车制动手柄：蓄电池搬运车停稳后，必须拉起驻车制动手柄。松开制动手柄时，应先稍微拉起一些。

（10）踏板：踩下制动踏板，后桥两个驱动轮的制动器抱死车轮，松开制动踏板，后制动效果解除。加速踏板通过控制电动机电压来改变转速。踩下踏板，电压增大，电动机转速升高，电动机输出功率和车速随之升高。

3. 检修安全注意事项

（1）按照要求穿戴好劳保用品。

（2）断开设备电源开关，并在开关处挂"有人作业，禁止操作"牌。

（3）作业时注意机械旋转部件，小心夹伤。

（4）作业时注意地面上积水、积油、障碍物，防止摔倒、绊倒。

（5）作业结束后做到工完场清，确保作业现场无遗留任何工器具，并检查设备是否还原初始状态。

4. 关键部件检修方法

（1）检查蓄电池连接线缆外观完好、无破损、老化；蓄电池连接线缆无过热变色，插头无破损，连接可靠。

（2）检查各开关、按钮安装牢固，动作灵活、可靠；照明灯具喇叭安装牢固。

(3) 检查各接触器、仪表、加速器安装牢固,接头无松动,触头无烧损现象,仪表显示正常。

(4) 检查充电器、充电线缆、充电插头外观完好无破损,充电正常。

(5) 检查车轮无老化、无破损、无漏气现象,转向机构转向动作灵活,无卡滞现象。

(6) 检查手刹、刹车踏板安装紧固、动作灵活无卡滞,检查各运动部件润滑良好,不缺油、不泄漏。

3.6.2 蓄电池叉车

1. 概述

蓄电池叉车是以直流电源(电瓶)为动力的装卸及搬运车辆。蓄电池叉车牵引性能优于内燃机。耐用性、可靠性和适用性都很高,完全可以与内燃机叉车相抗衡。此外,运转平稳无噪声,不排废气,检修容易,操纵简单;营运费用较低,整车的使用年限较长。缺点是:需要充电设备,基本投资高,充电时间较长,一次充电后的连续工作时间短,蓄电池怕冲击振动,对路面要求高。由于蓄电池容量的限制,电动机功率小,车速和爬坡能力较低。因此,蓄电池电动机驱动的蓄电池叉车主要用于通道较窄、搬运距离不长、路面好、起重量较小、车速不要求太快的仓库和车间中。在易燃品仓库或要求空气洁净的地方,只能使用蓄电池叉车。

2. 蓄电池叉车的结构及组成

蓄电池叉车主要由蓄电池-电动机、底盘(行走机构)、车体、起升机构、液压系统及电气设备等组成,图3.6-4。

(1) 蓄电池-电动机

它是蓄电池叉车的动力源。向外输出动力。

(2) 底盘

底盘用来支承车身、接受发动机输出的动力,并保证叉车能够正常行驶。它包括传动装置、行驶装置、转向装置和制动装置等。

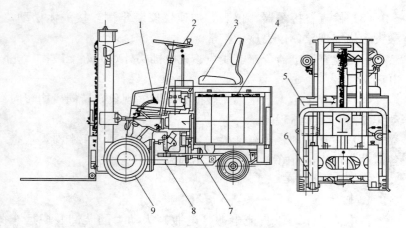

图 3.6-4 蓄电池叉车

1—制动与控制部件;2—转向系统;3—座椅;4—电瓶箱;5—车体部件;6—升降门架;7—油路系统;8—电路系统;9—前桥部件

(3) 车体

叉车的车体与车架合为一体,由型钢组焊而成。置于叉车后部、与车型相适应的铸铁块为配重,其重量根据叉车额定起重量的大小而决定,在叉车载重时起平衡作用,以保持叉车的稳定性。

(4) 起升机构

起升机构主要由门架和货叉组成。门架铰接在前桥支架车体上,由一套并列的钢框架和固定货叉的滑动支架所组成。

货叉是两个弯曲 90°的钢叉,装在滑动支架上,是承载物料的工具。货叉的规格是根据叉车的最大载荷而设计的,可驱动液压缸使货叉进行前倾或后仰。

(5) 液压系统:

1) 升降液压缸,其柱塞顶端与升降门架固紧在一起,控制货叉的起升或降落。

2) 倾斜液压缸,其柱塞顶端与门架铰接,控制门架的前倾或后仰。

3）液压泵，可以是叶片泵或齿轮泵。液压泵输出高压油（6.37～15.7MPa），驱动升降液压缸和倾斜液压缸。

4）液压分配阀，由阀体、升降液压缸阀芯，倾斜液压缸阀芯和安全阀组成。其作用是按货叉升降和倾斜的工作需要，通过操纵手柄控制升降或倾斜液压缸阀芯动作，将高压油输入升降或倾斜液压缸。安全阀的作用是当系统中油压超过一定值时，使油液从回油管流回油箱。

5）节流阀，装于升降液压缸的管路中，其作用是增大油液的流动阻力，当升降液压缸泄压时，保证货叉缓慢下降。

（6）电气设备

电气设备由电源，发动机启动系统和点火系统以及叉车照明，信号等用电设备所组成。

3. 其他外形与部件名称

（1）指示灯

用来指示所对应的装置是否在正常运转，如果出现异常，小灯就会亮。

1）充电指示灯：此灯显示蓄电池充电状态，启动开关置于"ON"位置时灯亮，如果发动机启动后此灯应熄灭。

2）左转指示灯：左转向灯亮，此指示灯亮。

3）右转指示灯：右转向灯亮，此指示灯亮。

4）远光指示灯：远光灯亮，此指示灯亮。

（2）钥匙开关

1）OFF：这是钥匙插入拔出的位置，在该位置时停机。

2）ON：启动钥匙位于"ON"，电路接通，发动机启动后，钥匙就留在该位置。

3）START：钥匙位于"START"位置时，发动机启动，启动后，一松手钥匙在回弹力作用下自动回到"ON"位置。

4）预热指示灯：启动时，钥匙位于"ON"就亮一会，当灯熄灭后，钥匙转到"START"位置启动。

5）灯光开关：这种开关是推拉式两挡开关，X表示接通。

6) 喇叭按钮：按下方向盘中心的喇叭按钮，喇叭就响。

7) 转向灯开关：转向灯开关位于转向管柱右侧，转弯时拨动此开关，R：右转向灯，N：中位，L：左转向灯。转向灯不能自动回到中位，须手动复位。

(3) 操纵

1) 方向盘：方向盘向右边旋转，叉车将向右转；方向盘向左边旋转，叉车将向左转。叉车后部能向外摆动。

2) 起升操纵杆：前后推拉此手柄，货叉就能下降上升。起升速度由手柄后倾角度和油门踏板控制。下降速度仅由手柄前倾角度控制，与油门无关。

3) 手制动操作手柄：停车制动时，通过后拉这个手柄作用在前轮上，使制动器产生制动力。要松开制动，前推手柄即可。

4) 换向操纵杆：控制前进或后退。

5) 换挡操作杆：控制快挡或慢挡。

(4) 踏板

1) 离合器踏板：踩下离合踏板，发动机与变速箱分离；松开离合踏板，来自发动机的动力通过离合器传给变速箱。

2) 微动踏板：踩下制踏板，液力离合器的油压下降。叉车靠近货物或装卸作业需要慢速行驶时使用。进一步踩下踏板，叉车将被制动。

3) 制动踏板：踩下制动踏板，叉车将被减速或停止，同时制动灯亮。

4) 加速踏板：踩下加速踏板，车辆运行速度加快；松开加速踏板，车辆运行速度下降。

(5) 其他

1) 挡货架：挡货架保证货物装载平稳。

2) 座椅及座椅调节杆：向左移动座椅调节杆，将座椅调整到乘坐舒适、便于操作的位置，并可靠锁紧。

3) 护顶架：护顶架保护操作者不被上方坠物伤害。它必须有足够的抗冲击强度。

4）蓄电池机罩：大开度蓄电池机机罩，便于检查维护。在蓄电池机机罩内侧气弹簧力的帮助下，向上打开蓄电池机机罩。闭合时，把蓄电池机机罩头部下按即可。

5）货叉定位销：调整货叉间距时使用。将货叉定位销拔起，旋转90°，依据所要装卸的货物调整货叉到需要的位置上。

6）液压油箱盖：液压油箱盖位于蓄电池机罩内，加油时打开蓄电池机罩。通过加油口加注清洁的液压油，加油后拧紧盖子。

7）前大灯和前组合灯：两只前大灯和前组合灯（转向型号灯和示宽灯）安装于护顶架前支撑上。

8）方向盘调整杆：为适应操作者的需求，叉车的转向管柱倾角是可调的。向上扳动手柄，叉车转向管柱被松开；向下扳动手柄，转向管柱被锁紧。

4. 检修安全注意事项

（1）操作者应向钥匙保管人（调度）借钥匙并填写《厂内机动车使用申请登记表》，同时出示操作证。不得未经许可私自操作。作业完成后将钥匙归还给钥匙保管人（调度）并在《厂内机动车使用申请登记表》填写车辆状态。严禁把叉车交给无证人员驾驶。

（2）断开设备电源开关，并在开关处挂"有人作业，禁止操作"牌。

（3）需要给蓄电池加水时，应用工业蒸馏水，且等充满电再进行添加。

（4）蓄电池内部会产生爆炸性气体，绝对禁止火焰、火花接近蓄电池，否则会引起爆炸。

（5）蓄电池带有高电压和能量，切勿让工具接近蓄电池两极，以免引起火花或短路，造成人员伤害。

（6）进行试机测试时，操作者必须为经过专门培训机构培训，考试合格并取得驾驶叉车操作资格证。使用前必须阅读使用说明书，并熟练掌握叉车的操作要领。

（7）操作者所持有驾驶叉车操作资格证必须在有效期内，驾驶证过期未年审的，不得驾驶蓄电池叉车。

（8）作业结束后做到工完场清，确保作业现场无遗留任何工器具，并检查设备是否还原初始状态。

5. 关键部件检修方法

(1) 起升装置

1) 检查链条紧张状态，无变形、损伤；

2) 检查门架、货叉、货叉架无变形、裂纹。

(2) 传动系统

1) 检查变速箱无有噪声、渗油；

2) 检查桥体外露部分无变形、裂纹或损伤。

(3) 制动系统

1) 检查制动油液足量，制动总泵无泄漏；

2) 试验制动效果应制动可靠，解除制动力后，制动缓解应灵活；

3) 检查手制动效果良好，手制动断电装置功能。

(4) 转向系统

检查方向盘无轴向、径向松动，转向器安装螺栓紧固，转向油缸无渗油。

(5) 液压系统

检查液压油油量足够，油封、油管和接头无泄漏。

(6) 蓄电池组

测量蓄电池的电压正常，蓄电池的连接牢固，接触良好，检查蓄电池盖通气孔畅通。

(7) 电动机

检查电动机工作是否正常，检查接线是否紧固。

(8) 电控系统

检查电控、接触器及主要开关、保险丝等的工作状态良好。

3.6.3 内燃叉车

1. 概述

内燃叉车是指使用柴油,汽油或者液化石油气为燃料,由发动机提供动力的叉车。载重量为 0.5~45t。普通标准型叉车均由动力系统、传动系统、起升系统、转向系统、操作系统、液压系统、电气系统及车身系统等 8 大系统组成。

2. 内燃叉车的基本结构及功能

叉车外形及结构见图 3.6-5、图 3.6-6。

图 3.6-5 叉车外形

图 3.6-6 叉车结构

叉车的种类很多,但其构造基本相似,主要由发动机、底盘(行走机构)、车体、起升机构、液压系统及电气设备等组成。

(1) 发动机

它是内燃叉车的动力源。它将燃料产生的热能转化为机械能量，通过发动机的飞轮向外输出动力。

（2）底盘

底盘用来支承车身、接受发动机输出的动力，并保证叉车能够正常行驶。它包括传动装置、行驶装置、转向装置和制动装置等。

（3）车体

叉车的车体与车架合为一体，由型钢组焊而成。置于叉车后部、与车型相适应的铸铁块为配重，其重量根据叉车额定起重量的大小而决定，在叉车载重时起平衡作用，以保持叉车的稳定性。

（4）起升机构

起升机构主要由门架和货叉组成。门架铰接在前桥支架车体上，由一套并列的钢框架和固定货叉滑动支架所组成。

货叉是两个弯曲 90° 的钢叉，装在滑动支架上，是承载物料的工具。货叉的规格是根据叉车最大载荷而设计的，可驱动液压缸使货叉进行前倾或后仰。

（5）液压系统

1）升降液压缸，其柱塞顶端与升降门架固紧在一起，控制货叉的起升或降落。

2）倾斜液压缸，其柱塞顶端与门架铰接，控制门架的前倾或后仰。

3）液压泵，可以是叶片泵或齿轮泵。液压泵输出高压油（6.37～15.7MPa），驱动升降液压缸和倾斜液压缸。

4）液压分配阀，由阀体、升降液压缸阀芯，倾斜液压缸阀芯和安全阀组成。其作用是按货叉升降和倾斜的工作需要，通过操纵手柄控制升降或倾斜液压缸阀芯动作，将高压油输入升降或倾斜液压缸。安全阀的作用是当系统中油压超过一定值时，使油液从回油管流回油箱。

5）节流阀，装于升降液压缸的管路中，其作用是增大油液的流动阻力，当升降液压缸泄压时，保证货叉缓慢下降。

(6) 电气设备

电气设备由电源、发动机启动系统和点火系统以及叉车照明、信号等用电设备所组成。

3. 其他外形与部件名称

(1) 仪表

1) 计时表：记录叉车的运行时间，以此作为定期检查与维修的依据。

2) 液力变速箱油温表（仅液力叉车）：显示液力传动油油温，在正常情况下，指针在绿色范围内（60～120℃）

3) 发动机水温表：显示发动机的冷却水温度，在正常情况下，指针在60～115℃范围内。

4) 燃油表：显示燃油箱内的燃油量，制针织在刻度表的左侧表示油空了，刻度表右边1/4处为1/4油量，3/4处表示3/4油量，右边终点表示满箱油。

(2) 指示灯

1) 充电指示灯：此灯显示蓄电池充电状态，启动开关置于"ON"位置时灯亮，如果发动机启动后此灯应熄灭。

2) 油压报警灯：此灯指示发动机润滑油的状态，启动开滚置于"ON"位置

3) 左转指示灯：左转向灯亮，此指示灯亮。

4) 右转指示灯：右转向灯亮，此指示灯亮。

5) 远光指示灯：远光灯亮，此指示灯亮。

6) 滤油指示灯：指示滤油器工作情况，滤油器阻塞此灯亮。

(3) 钥匙开关

1) OFF：这是钥匙插入拔出的位置，在该位置时停机。

2) ON：启动钥匙位于"ON"，电路接通，发动机启动后，钥匙就留在该位置。

3) START：钥匙位于"START"位置时，发动机启动，启动后，一松手钥匙在回弹力作用下自动回到"ON"位置。启

动时，钥匙位于"ON"预热指示灯（D）就亮一会，当灯熄灭后，钥匙转到"START"位置启动。

4）灯光开关：这种开关是推拉式两挡开关，X 表示接通。

5）喇叭按钮：按下方向盘中心的喇叭按钮，喇叭就响。

6）转向灯开关：转向灯开关位于转向管柱右侧，转弯时拨动此开关；R：右转向灯；N：中位；L：左转向灯。转向灯不能自动回到中位，须手动复位。

（4）操纵

1）方向盘：方向盘向右边旋转，叉车将向右转；方向盘向左边旋转，叉车将向左转。叉车后部能向外摆动。

2）起升操纵杆：前后推拉此手柄，货叉就能下降上升。起升速度由手柄后倾角度和油门踏板控制。下降速度仅由手柄前倾角度控制，与油门无关。

3）手制动操作手柄：停车制动时，通过后拉这个手柄作用在前轮上，使制动器产生制动力。要松开制动，前推手柄即可。

4）换向操纵杆：控制前进或后退。

5）换挡操作杆：控制快挡或慢挡。

（5）踏板

1）离合器踏板：踩下离合踏板，发动机与变速箱分离；松开离合踏板，来自发动机的动力通过离合器传给变速箱。

2）微动踏板：踩下制踏板，液力离合器的油压下降。叉车靠近货物或装卸作业需要慢速行驶时使用。进一步踩下踏板，叉车将被制动。

3）制动踏板：踩下制动踏板，叉车将被减速或停止，同时制动灯亮。

4）油门踏板：踩下油门踏板，发动机转速上升，车辆运行速度加快；松开油门踏板，发动机转速下降，车辆运行速度下降。

（6）其他

1）挡货架：挡货架保证货物装载平稳。

2) 座椅及座椅调节杆：向左移动座椅调节杆，将座椅调整到乘坐舒适、便于操作的位置，并可靠锁紧。

3) 护顶架：护顶架保护操作者不被上方坠物伤害。它必须有足够的抗冲击强度。

4) 内燃机罩：大开度内燃机罩，便于维修服务。在内燃机罩内侧气弹簧力的帮助下，向上打开内燃机罩。闭合时，把内燃机罩头部下按即可。

5) 货叉定位销：调整货叉间距时使用。将货叉定位销拔起，旋转 $90°$，依据所要装卸的货物调整货叉到需要的位置上。

6) 液压油箱盖：液压油箱盖位于内燃机罩内，加油时打开内燃机罩。通过加油口加注清洁的液压油，加油后旋紧盖子。

7) 燃油箱盖：燃油箱盖在车体左后侧。燃油箱盖内有通气孔，每次加油要检查通气孔是否通畅。

8) 水箱盖与附水箱：附水箱在内燃机罩内侧。水箱盖位于内燃机罩后部盖板下方。

9) 前大灯和前组合灯：两只前大灯和前组合灯（转向型号灯和示宽灯）安装于护顶架前支撑上。

10) 方向盘调整杆：为适应操作者的需求，叉车的转向管柱倾角是可调的。向上扳动手柄，$1\sim1.8t$ 叉车转向管柱被松开；向下扳动手柄，转向管柱被锁紧。$2\sim3.5t$ 叉车相反。

4. 检修安全注意事项

（1）操作者应向钥匙保管人（调度）借钥匙并填写《厂内机动车使用申请登记表》，同时出示操作证。不得未经许可私自操作。作业完成后将钥匙归还给钥匙保管人（调度）并在《厂内机动车使用申请登记表》填写车辆状态。严禁把叉车交给无证人员驾驶。

（2）断开设备电源开关，并在开关处挂"有人作业，禁止操作"牌。

（3）作业时注意地面上积水、积油、障碍物，防止摔倒，绊倒。

（4）进行试机测试时，操作者必须为经过专门培训机构培训考试合格并取得驾驶叉车操作资格证。使用前必须阅读使用说明书，并熟练掌握叉车的操作要领。

（5）操作者所持有驾驶叉车操作资格证必须在有效期内，驾驶证过期未年审的，不得驾驶蓄电池叉车。

（6）作业结束后做到工完场清，确保作业现场无遗留任何工器具，并检查设备是否还原初始状态。

5. 关键部件检修方法

（1）发动机

1）检查发动机机油油量、冷却水量足够，无泄漏。发动机见图3.6-7，冷却水箱见图3.6-8。

图3.6-7 发动机

图3.6-8 冷却水箱

2）检查发动机启动是否正常。

3）检查散热器盖、风扇是否有破损、安装是否牢固。

（2）动力传动装置

1）检查刹车踏板踩踏时无发抖、无异常声响，刹车踏板见图3.6-9。

图 3.6-9 刹车踏板

2）检查换向、换挡操纵杆的动作顺畅，无卡滞。

（3）制动系统

1）检查制动器连杆、制动器油管是否无松动、损伤、异常磨损等现象；

2）检查停车手制动是否有效，手制动断电装置良好。

（4）装卸装置

1）检查货叉（图 3.6-10）、货叉止动器无龟裂、变形、损伤、磨损，检查货叉无平齐、下垂。

图 3.6-10 货叉

2）检查链条（图 3.6-11）、链轮是否无变形、损伤、生锈、润滑不足现象，检查链条系紧螺栓无变形、损伤。

（5）液压系统

检查油缸无松动、变形、龟裂、损伤、磨损，油箱是无漏油、渗油，液压油缸见图 3.6-12。

（6）电气装置

1）检查蓄电池（图 3.6-13）电量是否正常。

图 3.6-11　链条

图 3.6-12　液压油缸

2）检查照明、喇叭、仪表和各操纵杆是否正常，检查各电气线路接线状态是否良好。驾驶室局部见图 3.6-14。

图 3.6-13　蓄电池

图 3.6-14　驾驶室局部

6. 内燃叉车常见故障及处理方法（表 3.6-1）

内燃叉车常见故障及处理方法　　　表 3.6-1

故障现象	产生原因	处理方法
打不着车	蓄电池损坏或电量低	更换蓄电池或充电
	燃油滤网堵塞；燃油管路有气阻	清理燃油滤网、燃油管
	启动机坏	更换启动机
	火花塞、预热塞坏	清除积碳或换火花塞、预热塞
烟大	喷油器积碳	清理或更换喷油器
	空气滤芯器堵塞	清理滤芯
	气门间隙不合适或供油量偏大	调整气门间隙、供油量

续表

故障现象	产生原因	处理方法
爬坡无力	燃油滤网堵塞	清洗滤网或更换滤芯
	调速器坏	更换调节器
	气门漏气	调整气门间隙或更换零件
柴油机过热	水箱缺水	水箱补水
	水箱散热片被异物堵塞	清除散热片异物
	风扇皮带松打滑	调整皮带张紧度（5kg 压力，10～15mm）
	节温器失灵	更换节温器
	滑机油油面低	补充油液到上下刻线之间
	汽缸垫破损	更换汽缸垫
变速箱异响	支撑轴承损坏	更换轴承调整间隙
	齿轮有磕碰	修磨齿轮
效率低没劲	摩擦片磨损或翘曲	更换摩擦片
	离合器轴密封圈磨损	更换旋转密封圈
	调压阀失效	更换上盖总成
无起升或无倾斜	主安全阀卡死、常开	清洗或更换安全阀
	油箱油量不足	补充油液到上下刻线之间
	溢流阀阀簧损坏	更换相应的阀块
举不起重物	油缸内漏过大	更换活塞环或油缸
	溢流阀调压低	松开背母，拧调节螺钉使压力升高
	阀座密封圈损坏	更换起升阀块
	油泵内漏	更换油泵
门架自然下滑或前倾	多路阀滑阀内漏	更换起升阀块
	油缸活塞环损坏，产生内漏	更换活塞环或油缸
	缸筒滑动面有划伤，产生内漏	更换油缸
起升速度慢	油箱滤网堵塞	清洗滤网
	安全阀压力偏低	松开背母，拧调节螺钉使压力升高
	泵的流量不足	更换油泵

续表

故障现象	产生原因	处理方法
刹车不灵或无刹车	制动毂进润滑油	换油封并清除制动毂的油渍
	制动蹄片与毂间隙大	拨棘轮调整间隙
	踏板过低	用调节螺钉调整踏板高度
	制动总泵坏	更换制动总泵
	制动泵漏油	更换制动泵
	刹车油管漏油	修理或更换
转向沉	转向安全阀调压低	调整压力或更换安全阀
	分流阀卡死	清洗或更换分流阀
	轮胎气压低	充气:0.7MPa
	转向器问题	更换转向器
不好换挡	离合器切不开	调整踏板行程或更换总成
	离合器摩擦片变形	更换摩擦片
离合器打滑	踏板自由行程不对	合适的位置
	摩擦片上有油垢	拆下进行清洗
	摩擦片和压盘磨损严重	更换摩擦片和压盘
离合器抖动	分离轴承转动不灵活	加润滑油或更换
	分离杆不在同一平面上	调整分离杆
	摩擦片和压盘磨损严重	更换摩擦片和压盘
充电指示灯时灭时亮	发动机皮带松弛	调整皮带张紧度(5kg压力,10~15mm)
	启动开关接触不良	更换启动开关
	调节器触点接触不良	更换调节器
	线路中的插接件松动	紧固或更换插接件
燃油表不显示	油浮子坏	更换油浮子
发电机不发电	发电机调节器坏	更换同型号调节器
	发电机皮带过松	调整皮带张紧度(5kg压力,10~15mm)
	线路断或接触点虚接	接线或紧固
启动机不转动	保险熔断	更换保险丝
	蓄电池无电或电压低	充电或更换蓄电池
	内部短路	更换启动机

3.6.4 桥式起重机

1. 概述

桥式起重机是桥架在高架轨道上运行的一种桥架型起重机，又称天车。桥式起重机的桥架沿铺设在两侧高架上的轨道纵向运行，起重小车沿铺设在桥架上的轨道横向运行，构成一矩形的工作范围，使挂在吊钩或其他取物装置上的重物在空间实现垂直升降或水平运移，不受地面设备的阻碍。桥式起重机按构造分为单梁桥式、双梁桥式、多梁桥式、双小车桥式、多小车桥式等。双梁桥式起重机承载能力强，跨度大、整体稳定性好，广泛地应用在室内外仓库、厂房、码头和露天贮料场等处。

2. 桥式起重机各部分的名称及功能

（1）组成部分

普通桥式起重机一般由起重小车、桥架运行机构、桥架金属结构组成。

1）起重小车又由起升机构、小车运行机构和小车架3部分组成。

① 起升机构包括电动机、制动器、减速器、卷筒和滑轮组。电动机通过减速器，带动卷筒转动，使钢丝绳绕上卷筒或从卷筒放下，以升降重物。

② 小车运行机构包括电动机、制动器、减速器。带动车轮，实现起重机的运行。

③ 小车架是支托和安装起升机构和小车运行机构等部件的机架，通常为焊接结构。其上装有小车移行机构、提升机构、栏杆及提升限位开关。小车可沿桥架主梁上的轨道左右移行。在小车运动方向的两端装有缓冲器和限位开关。

桥式起重机立面、外形见图3.6-15、图3.6-16。

2）桥架是桥式起重机的基本构件，由主梁、端梁等几部分组成，也就是大车。

① 主梁跨架在车间上空，其两端连有端梁，主梁外侧装有走台，并设有安全栏杆。

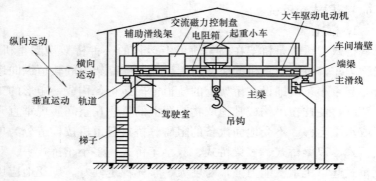

图 3.6-15 桥式起重机立面

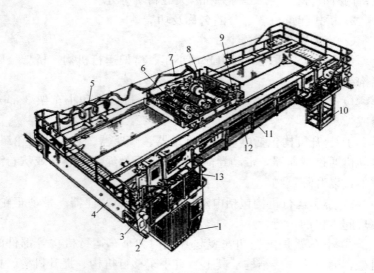

图 3.6-16 桥式起重机外形

1—司机室；2—大车轨道；3—缓冲器；4—大梁；5—电缆；
6—副起升机构；7—主起升；8—起重小车；9—小车运行机
构；10—检修吊笼；11—走台栏杆；12—主梁；13—大车运行

② 桥架上装有大车移行机构、电气箱、起吊机构、小车运行轨道以及辅助滑线架。桥架的一头装有驾驶室，另一头装有引入电源的主滑线。

③ 大车移行机构由驱动电动机、制动器、传动轴、减速器和车轮等几部分组成。整个起重机在大车移行机构驱动下，沿车间长度方向前后移动。小车运行机构由小车架、小车移行机构和提升机构组成。

④ 操纵室是操纵起重机的吊舱，又称驾驶室。操纵室内有大、小车移行机构控制装置、提升机构控制装置以及起重机的保护装置等。操纵室一般固定在主梁的一端。

⑤ 小车导电装置：辅助滑线。

⑥ 起重机总电源导电装置：主滑线。

⑦ 交流磁力控制箱、电阻箱。

⑧ 轨道。

3）桥架金属结构

构成桥式起重机的金属结构部分是桥架，横架在车间两边吊车梁的轨迹上，并沿轨迹前后运转。除桥架外，还有小车，小车上装有起升组织和运转组织，能够带着吊起的物品沿桥架上的轨迹运转。

（2）运动形式

桥式起重机的运动形式包括3种：

1）由大车拖动电动机驱动前后运动；

2）由小车拖动电动机驱动左右运动；

3）由提升电动机驱动重物升降运动。

这样桥式起重机就可实现重物在垂直、横向、纵向三个方向的运动，把重物移至车间任一位置，完成车间内的起重运输任务。

所以，桥式起重机桥架的前后运转和小车沿桥架的运转以及起升组织的升降动作，三者所构成的立体空间规模是桥式起重机吊运物品的有用空间。通用通常都具有三个组织：起升组织（起重量稍大的有主副两套起升组织）小车运转组织和大车运转组织。别的还包含栏杆、司机室。

3. 检修安全注意事项

(1) 检修前断开钥匙开关,并在开关处挂"有人作业,禁止操作"牌。

(2) 作业时注意机械部件,小心夹伤。

(3) 作业时注意地面上积水、积油、障碍物,防止摔倒、绊倒。

(4) 对2t以上(不含2t)的起重机进行试机测试时,必须持有起重机操作证的人员方可进行操作。

(5) 涉及登高作业时,必须戴好安全带及安全帽等防护用品,并有人做好监护。

(6) 作业结束后做到工完场清,确保作业现场无遗留任何工器具,并检查设备是否还原初始状态。

4. 关键部件检修方法

(1) 运行及起升机构

1) 电动机运行是否正常,如图3.6-17。

2) 限位开关工作是否可靠,如图3.6-18。

图3.6-17 电动机

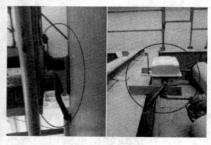
图3.6-18 限位开关

(2) 制动系统

检查制动系统制动是否可靠,如图3.6-19。

(3) 机械部分(图3.6-20)

1) 检查吊钩有无裂痕及变形;

2) 检查钢丝绳有无断丝;

3) 检查各减速箱有无异常响声、有无异常发热,如图3.6-21。

图 3.6-19　大车制动系统

图 3.6-20　吊钩、钢丝绳

图 3.6-21　吊钩减速箱

4）检查运行机构及起升机构制动是否正常。

5. 起重机常见故障及处理方法（表 3.6-2）

起重机常见故障及处理方法　　　　表 3.6-2

故障现象	原因分析	处理方法
主梁腹板或盖板发生疲劳裂纹	长期超载使用	裂纹不大于 0.1mm 的，可用砂轮将其磨平，对于较大的裂纹，可在裂纹两端钻大于 8mm 的小孔，然后沿裂纹两侧开 60°的坡口进行补焊，重要受力部位应用加强板补焊
主梁各拼接焊缝或桥架节点焊缝脱焊	长期超载使用	用优质焊条补焊，严禁超载使用

续表

故障现象	原因分析	处理方法
主梁腹板有波浪形变形	焊接工艺不当或超负荷使用	采用火焰校正,严禁超负荷使用
主梁旁弯变形	焊接时焊接不当	用火焰校正,在主梁的凸起侧加热
主梁下沉变形	主梁结构应力腹板波浪变形,超载使用	采用火焰校正,较严重的应予以返厂维修
电动机发热	由于被带动的机械有故障而过负荷	检查机械状态,消除卡位现象
电动机发热	在降压的电压下运转	电压低于额定电压10%时,应停止使用
电动机发热	三相短路	检查外部电路的完好
电动机发热	轴承损坏	更换轴承
电动机发热	电动机扫堂	检查轴承及前后端盖磨损度
接触器合上后电动机不转	一相断电,电动机发响声	找出断电处,接好线
接触器合上后电动机不转	线路中无电压	用万用表测量电压
接触器合上后电动机不转	接触器触点未接触	检查并修理接触器
按动启动按钮全车不动	控制线有短路处	找出控制线短路处,并接好线
按动启动按钮全车不动	总接触器触点未接触或线圈损坏	更换接触器
按动启动按钮全车不动	手柄盒按钮未接触或线路脱落	更换触点
手柄盒操作按钮按下无动作	控制线有短路处	找出控制线短路处,并接好线
手柄盒操作按钮按下无动作	接触器触点未接触或线圈损坏	更换触点、接触器
手柄盒操作按钮按下无动作	手柄盒按钮未接触或线路脱落	更换按钮,并紧固松脱线路
手柄盒操作按钮按下无动作	限位开关坏	更换开关
吊钩表面出现疲劳裂纹	超载、超期使用、材质缺陷	发现裂纹,更换
吊钩开口、危险断面磨损及弯曲部位发生塑性变化	长期过载,疲劳所致	立即更换

续表

故障现象	原因分析	处理方法
钢丝绳断丝、断股、打结、磨损	导致突然断绳	断股、打结停止使用,断丝、磨损按标准更换
滑轮槽磨损不均	材质不均,安装不符合要求,绳和轮接触不良	轮槽磨损量达到原厚的1/10,径向磨损量达绳径的1/4时,应更换
滑轮芯轴磨损量达公称直径的3%~5%	芯轴损坏	更换芯轴
滑轮转不动、倾斜、松动、裂纹或轮缘断裂	芯轴和钢丝绳磨损加剧	检修芯轴和钢丝绳
	轴上定位松动或钢丝绳跳槽	检修钢丝绳
	滑轮损坏	更换滑轮
卷筒疲劳裂纹	卷筒破裂	更换卷筒
卷筒轴、键磨损	轴被剪断、导致重物坠落	停止使用,立即对轴键等检修
卷筒绳槽磨损和绳槽磨损量达原壁厚15%~20%	卷筒强度削弱,容易断裂;钢丝绳卷绕混乱	更换卷筒
齿轮轮齿折断	工作时产生冲击与振动	更换齿轮
轮齿磨损达原厚15%~21%	超期使用,安装不正确所致	更换齿轮
齿轮裂纹	齿轮损坏	更换齿轮
因"键滚"使齿轮键槽损坏	齿轮键槽配合过松	加工修复键槽
齿轮削落面占全部工作面积31%,及削落深度达齿厚10%	超期使用,热处理质量问题	更换齿轮
轴裂纹	材质差,热处理不当	更换轴
轴弯曲超过0.5mm/m	长期过载,疲劳所致	更换或校正
车轮踏面和轮辐轮盘有疲劳裂纹	长期过载,疲劳所致	更换成对车轮
主动车轮踏面磨损不匀	车体倾斜和运动时产生	更换成对车轮

3.7 厂内通用设备

本章主要介绍台式钻床、移动式升降平台、交流电焊机等厂内通用设备的主要性能参数、检修安全注意事项及一些常见故障的描述,并对一些故障的处理方法。

3.7.1 台式钻床

1. 台式钻床的概述

台式钻床简称台钻,是一种体积小巧,操作简便,通常安装在专用工作台上使用的小型孔加工机床。台式钻床钻孔直径一般在 13mm 以下,一般不超过 25mm。其主轴变速一般通过改变三角带在塔型带轮上的位置来实现,主轴进给靠手动操作。

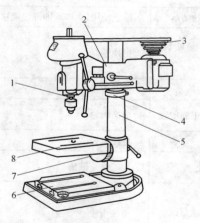

图 3.7-1 台式钻床
1—主轴;2—头架;3—塔形带轮;
4—保险环;5—立柱;6—底座;
7—转盘;8—工作台

台式钻床主要作中小型零件钻孔、扩孔、绞孔、攻螺纹、刮平面等技工车间和机床修配车间使用,与国内外同类型机床比较,具有马力小、刚度高、精度高,刚性好,操作方便,易于维护的特点。把精密弹性夹头的振动精度调节到 0.01mm 以下,就可以对玻璃等材料 1mm 以下的精密钻孔加工。

2. 台式钻床各部分的名称及功能。

如图 3.7-1。

电动机:经皮带通过宝塔轮传动,可使主轴获得相应的多种转速,为主轴提供动力源。

立柱:是台钻的支撑部位,作用是稳定机床加工时候各个部件的关系。

锁紧手柄：可使工作台沿立柱调整，并紧固。

底座：支撑整个钻床，保证加工工作平稳可靠。

工作台：用于工件的夹紧，并可沿立柱上下、左右调整。

主轴：由电动机提供动力源，带动钻头作主运动。

钻头进给手柄：使旋转的钻头作进给运动，可控制加工孔的深度。

带罩：保护宝塔轮和皮带，防止加工时伤及他人。

3. 结构特点

台式钻床是一种小型钻床。它应用广泛。电动机通过5级变速带轮，使主轴可变5种转速，头架可沿圆立柱上下移动，并可绕圆立柱中心转到任意位置进加工，调整到适当位置后用手柄锁紧。如头架要放低进，先把保险环调节到适当位置。用紧定螺钉把它锁紧，然后放松手柄，靠头架自重落到保险环境，再把手柄扳紧。工作台可沿圆立柱上下上下移动。并可绕立柱转动到任意位置。工作台座的锁紧手柄。当松开锁紧螺钉时，工作台在垂直平面还可左右倾斜45°，工作量较小时，可放在工作台上钻孔，当工作量较大时，可把工作台转开，直接放在钻床底面上钻孔。

这种台钻灵活性较大，转速高，生产效率高，使用方便，因而是零件加工、装配和修理工作中常用的设备之一。但是由于构造简单，变速部分直接用带轮变速，转速较高，一般在400r/min以上，所以有些特殊材料或工艺需用低速加工的不适用。

4. 台式钻床常见故障及处理方法（表3.7-1）

台式钻床常见故障及处理方法 表3.7-1

故障现象	原因分析	排除方法
机床运转噪声很大	皮带张得太紧	打开主开关,释放紧急停止
	套筒和主轴箱配合间隙大	更换轴承
	电动机销与箱体松动	更换套筒
	轴承损坏	拧紧主轴箱两侧锁紧螺钉

续表

故障现象	原因分析	排除方法
钻头咬死	主轴进刀太快	减慢主轴进刀速度
	皮带松紧程度不当	调整皮带松紧
	工件发生移动,造成挤压钻头	夹紧工件
钻头烧伤	转速不当	调整转速
	切屑排除不畅	退出钻头,清除切屑
	钻头磨损变钝或两切削刃不对称	重磨钻头
	进给太慢	调整进给速度
	没有冷却钻头	在切削时加注切削液
工件脱落	没有夹紧工件	夹紧工件
钻孔超差	钻头弯曲或钻头直径不对	更换钻头
	主轴轴承损坏	更换轴承
	钻头没有安全安装到位	使夹头安装到位
	工件夹紧不水平	机床座要求水平同时工件夹具应改进
主轴复位能力不稳定	套筒外圆失油	主轴箱右侧油杯加注机油
	涡卷弹簧松紧程度不当	调整涡卷弹簧
	齿轮轴无轴向间隙	调整齿轮轴轴向间隙
钻夹头脱落	钻夹头锥孔或主轴锥部有灰尘、油渍等脏物	用干净的布擦净主轴及钻头两锥面
	主轴和钻夹头两端面损伤	更换主轴或钻夹头
胶带打滑	皮带没有张紧	皮带适当张紧,并紧固锁紧螺钉
	皮带磨损严重	更换皮带
	皮带选用不当	按安装箱清单购买皮带
电动机不动	电线松脱	紧固电线
	开关损坏	更换开关
	电动机损坏	更换电动机

3.7.2 交流电焊机

1. 交流电焊机的概述

交流电焊机实质上是一种特殊的降压变压器。将220V和380V交流电变为低压的交流电,交流电焊机即是输出电源种类为交流电源的电焊机。焊接变压器有自身的特点,其特性就是在焊条引燃后电压急剧下降。

2. 交流电焊机各部分的名称及工作原理

交流电焊机及配件见图3.7-2、图3.7-3。

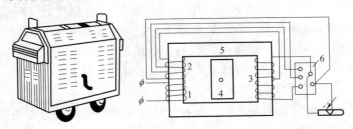

图3.7-2 交流电焊机
1—初级绕组;2、3—次级绕组;4—动铁芯;
5—静铁芯;6—接线板

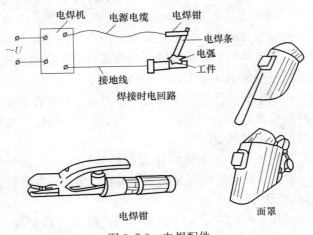

图3.7-3 电焊配件

电流电压经三相主变压器降压，由可控硅元件进行整流，并利用改变可控硅触发角相位来控制输出电流的大小。从整流器直流输出端的分流器上取出电流信号，作为电流负反馈信号，随着直流输出电流增加，负反馈也增加，可控硅导通角减小，输出电流电压降低，从而获得下降的外特性。推力电路是当输出端电压低于15V时，使输出电流增加，特别是短路时，形成外拖的外特性，使焊条不易粘住。引弧电路是每次起弧时，短时间增加给定电压，使引弧电流较大，易于起弧。

从以上叙述可以知道，电焊起弧的时候电路是处于短路状态，电压急剧下降，电流需要很大；起弧后要稳弧，这时候焊条和溶池的溶液还是短路过渡状态，电压还是下降，电流还是大；过渡完毕后处于正常焊接状态，电压回升，电流下降。

3. 交流电焊机的特性

为了使焊接顺利进行，这种变压器电源能按焊接过程的需要而具有如下特点：

交流电焊机具有电压陡降的特性。

一般的用电设备都要求电源的电压不随负载的变化而变化，其电压是恒定的，如为380V（单相）或220V。虽然接入焊接变压器的电压是一定的，如为380V或220V，但通过这种变压器后所输出的电压可随输出电流（负载）的变化而变化，且电压随负载增大而迅速降低，此称为陡降特性或称下降特性。这就适应了焊接所需各种的电压要求：

（1）初级电压：即接入电焊机的外电压。由于弧焊变压器初级线圈两端要求的电压为单项380V，因此，一般交流电焊机接入电网的电压为单项380V。

（2）零电压：为了保证焊接过程频繁短路（焊条与焊件接触）时，要求电压能自动降至趋近于零，以限制短路电流不致无限增大而烧毁电源。

（3）空载电压：为了满足引弧与安全的需要，空载（焊接）时，要求空载电压约为60~80V，这既能顺利起弧，又对人身比较安全。

（4）工作电压：焊接起弧以后，要求电压能自动下降到电弧正常工作所需的电压，即为工作电压，约为20～40V，此电压也为安全电压。

（5）电弧电压：即电弧两端的电压，此电压是在工作电压的范围内。焊接时，电弧的长短会发生变化：电弧长度长，电弧电压应高些；电弧长度短，则电弧电压应低些。因此，弧焊变压器应适应电弧长度的变化而保证电弧的稳定。

4. 交流电焊机常见故障及处理方法（表3.7-2）

交流电焊机常见故障及处理方法　　　　　　表 3.7-2

故障现象	原因分析	处理方法
电焊机过热	电焊机过载	减小使用电流
	发电机的转子线圈或定子整流片短路	消除短路现象（重绕线圈）
	整流子表面不清洁	清理整流子表面
焊接电流不稳定	焊接电缆和接线柱接触不良	固定好电缆和接线柱,使之接触良好
	电流调节器的可动部分随电焊机的振动而移动	消除移动现象
	主回路交流接触器短路或风压开关短路	消除短路
	控制绕阻接触不良	使控制绕组接触良好
启动后，电刷有火花	电刷和整流子接触不良或电刷被卡住或松动	清洁接触面或调整电刷压力至正常
	整流片间云母凸出	清除凸出的云母,使之低于整流片1mm
启动后转速低并发出嗡嗡声	三相电线有一相断路	修复相电线
	电动机定子线间断线	焊接或重绕线圈
电焊机外壳带电	电源线碰壳	消除碰壳现象
	变压器、电抗器、控制线路等碰壳	接好地线
	接地不良或未接地	

续表

故障现象	原因分析	处理方法
焊接时,电压突然降低	主回路短路或整流元件被击穿	更换元件修复线路,并检查保护线路
	控制回路断线	检修控制回路,并修复
风扇电动机不转	保险丝烧断	更换保险丝
	电动机绕组断线	重焊或重绕线圈绕组
	按钮开关触点接触不良	修复或更换按钮开关
电流调节不良	控制线圈匝间短路	消除短路,包括重绕线图
	电流控制器接触不良	使电流控制器接触良好
	控制整流回路击穿	更换已损元件
	压力传感器损坏	检查压力传感器是否正常
	压力显示仪表损坏	检查压力显示仪表是否正常
空载电压太低	电网电压太低	调整电压值
	变压器一次线圈匝间短路	消除短路(重绕线圈)
	磁力启动器接触不良	使磁力启动器接触良好

3.7.3 SJY 液压升降平台

1. 主要结构

如图 3.7-4,SJY 液压升降机由底座、臂架、工作台、液压升降装置、四轮驱动、操控部分组成。底座采用相应强度钢板焊接而成;臂架为剪撑铰链式垂直升降,采用高强度无缝矩形管制作,强度高外形美观;工作台能几人同时操作,并设有安全护栏,操作安全可靠;操作器分为固定式和移动式(图 3.7-5),便于在地面和高空两路操作。

2. 液压系统(图 3.7-6)

从油泵吸油、推动油缸中的活塞、顶升交叉臂架垂直上升、下降时,压力油在限速阀和流量调节阀的监控下,通过电磁阀流回油箱。油缸过载时,油泵输出的压力油通过溢流阀(安全阀)直接流回油箱。

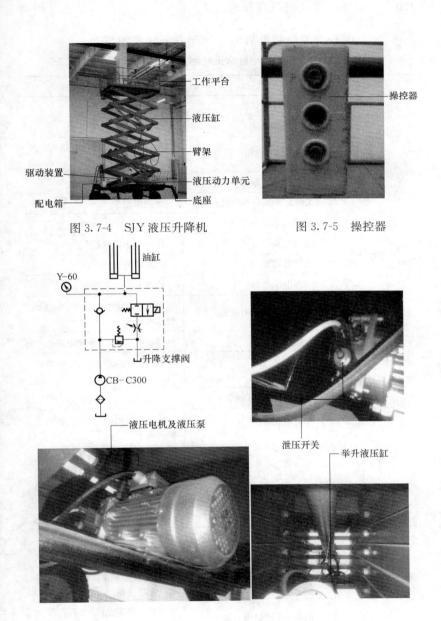

图 3.7-4 SJY 液压升降机

图 3.7-5 操控器

图 3.7-6 液压系统

3. 液压升降平台常见故障及处理方法（表 3.7-3）

液压升降平台常见故障及处理方法　　表 3.7-3

故障现象	原因分析	处理方法
升降平台工作台起升无力或不起升	超负荷	减轻载荷
	回油阀未关闭	旋紧回油阀
	单向阀卡死，回位失灵	旋开油泵阀口螺栓、检修、清洗，更换清洁液压油
	齿轮泵严重漏油	更换油泵密封圈
	齿轮泵损坏，打出的油无压力	更换齿轮泵
	液压油不足	加足液压油
	电路断路	检查按钮接触器及保险丝
	滤清器堵塞	更换或清洗滤清器
	电源电压过低	检查电压过低原因
	溢流阀调节压力过低	在 100% 额定负荷下，重新调整溢流阀
	电动机不转动	检查电动机、油泵和电路
	电动机倒转	调整三相线中的两相接线位置
	油位过低，油泵吸空	加注合适的液压油
升降平台自然下降	单向阀泄流	检查单向阀的密封面，并清洗单向阀
	下降阀封闭不严	检查下降阀是否有电，如无电，则排除下降阀本身故障或更换下降阀。下降阀的滑阀必须保持清洁，且移动灵活
	油缸内漏	更换油缸密封件
升降平台不下降	下降阀失灵	在按下降按钮的情况下，检查下降阀是否有电。若无电，设法排除；若有电，则排除下降阀本身故障，或更换下降阀。下降滑阀应保持清洁、润滑
	下降速度控制阀失调	调整下降速度控制阀，若调节无效更换新阀

续表

故障现象	原因分析	处理方法
升降平台上升过程不能停止	上升限位和极限限位损坏	更换上升限位和极限限位
	手柄和配电箱按钮损坏	更换手柄或按钮
	接触器主触点黏住	更换接触器
下降阀不能关闭	下降阀损坏或卡住	用柴油清洗下降阀或更换下降阀
	下降阀线圈损坏	更换新线圈
	下降限位开关损坏	更换新的限位开关